ひとり暮らしの老後に備える

矢野輝雄

信山社

はじめに

　近年、ひとり暮らしの高齢者が増えてきています。息子や娘がいても、遠くに住んでいて、ひとり暮らしをしている高齢者が多いのです。人は、誰しもが元気で他人に迷惑をかけずに人生を終えたいと考えています。しかし、現実には、身体は元気でも認知症の症状が出たり、ケガや病気で身体が不自由になって動けなくなったり介護が必要になったりする場合があります。

　安心して老後の生活を送るためには、**元気なうちに対策を立てておくことが大切**です。老後の心配ごとの主なものには、次の点があります。自分の老後の心配ごとのほかに、配偶者や老親がいる場合にも、同様の心配ごとがあります。

> ①　ケガや病気で動けなくなった場合には、どうするのか
> ②　認知症になった場合には、どうするのか
> ③　自分の死亡後の病院への支払いや自分の財産は、どうなるのか

　これらの心配ごと対しては、次のような対策が考えられます。

　まず、①ケガや病気で動けなくなった場合は、日常生活に必要な物品の購入や生活費の支払いも困難になりますから、財産管理の委任契約（**見守りの委任契約**）を締結します。この場合の委任契約は、法定後見制度の成年後見人・保佐人・補助人や任意後見人制度のような複雑な手続は不要です。

　②　認知症になった場合でも、上記①の財産管理の委任契約によって引き続き財産管理ができますが、**法定後見制度**や**任意後見人制度**を利用する場合もあります。これらの制度を利用する場合には、複雑な手続が必要となる難点があります。

　③　死後の入院費用の支払いその他の死後の事務処理についても、上記①の財産管理の委任契約と同時に契約を締結する場合もありますが、別の「**死後の事務処理の委任契約**」を締結しておく場合もあります。本人が死亡した場合には、本来、その財産は遺産（相続財産）として相続の問題として処理されますが、生前に**死後の財産処理の委任契約**を締結しておくこともできるのです。

　以上のほかに、大切なことは**「遺言書」**を作成しておくことです。遺言のできる事項は、民法に規定された事項に限られていますので、遺言事項以外の事

はじめに

項について、遺族に最期の意思を伝えるためには「エンディング・ノート」を作成しておく必要があります。

本書では、これらの老後の心配ごとに備えるために次の「ひとり暮らしの老後に備える安心の5点セット」をくわしく説明しました。

> ① 財産管理の委任契約（見守りの委任契約）
> ② 法定後見人と任意後見契約
> ③ 死後の事務処理の委任契約
> ④ 遺言書の作成
> ⑤ エンディング・ノートと事前指定書の作成

以上の5点セットを活用するための知識を次の順序で解説しました。
 1章　老後の見守りと後見の制度（委任契約・法定後見・任意後見契約）
 2章　遺言書、エンディングノート、事前指定書
 3章　相続の仕組み
 4章　葬儀
 5章　老後の介護保険の制度
 6章　高齢者の病気の特徴

日本の65歳以上の高齢者の人口は、「高齢社会白書・2012年版」によると、過去最高の2,975万人となり、総人口1億2,780万人に占める割合（高齢化率）も23.3％となっています。65歳以上の高齢者人口は1950年（昭和25年）には総人口の5％に満たなかったのに、現在は23.3％という超高齢社会になっているのです。さらに、高齢者の認知症患者は約300万人と推定されていますから、高齢者の1割にも及んでいるのです。

一方、日本人の平均寿命は、「高齢社会白書・2012年版」によると、2010年には男79.64歳、女86.39歳となっており、65歳時の平均余命は、1955年には男11.82年、女14.13年であったものが、2010年には男18.86年、女23.89年と高齢者期間が長くなっています。

本書では、安心して老後の生活を送るための知識とノウハウを満載しました。本書が老後の充実した生活設計に役立つことを期待しています。

　平成25年8月

　　　　　　　　　　　　　　　　　　　　　　　　　　　　矢 野 輝 雄

【目　次】

はじめに

●●● 第1章　老後の見守り契約と後見の制度は、どのようになっていますか ●●●

Q1 老後の見守り契約と後見の制度には、
　　 どんなものがありますか ································· 3
Q2 成年後見人の制度は、どのようになっていますか ········· 10
Q3 保佐人の制度は、どのようになっていますか ············· 17
Q4 補助人の制度は、どのようになっていますか ············· 22
Q5 任意後見契約による任意後見人制度は、
　　 どのようになっていますか ····························· 27

●●● 第2章　エンディング・ノートと遺言書の書き方は、どのようにするのですか ●●●

Q6 エンディング・ノート、事前指定書とは、
　　 どんなものですか ····································· 41
Q7 遺言の仕方には、どんな種類がありますか ··············· 54
Q8 遺言のできる事項には制約がありますか ················· 60
Q9 自筆証書の遺言書の作り方は、
　　 どのようにするのですか ······························· 63
Q10 公正証書の遺言書の作り方は、
　　 どのようにするのですか ······························· 70
Q11 秘密証書の遺言書の作り方は、
　　 どのようにするのですか ······························· 73
Q12 遺言執行者は、どんなことをするのですか ··············· 75

目　次

Q13 遺言書の検認と開封とは、どういうことですか……………79
Q14 特別方式の遺言とは、どういうものですか ………………81

●●● **第3章　相続の仕組みは、
　　　　　どのようになっていますか** ●●●

Q15 相続とは、どういうことですか ………………………………85
Q16 相続人の範囲は、どのようになっていますか ……………88
Q17 各相続人の相続分は、どのようになっていますか…………94
Q18 相続財産の範囲は、どのようになっていますか ………101
Q19 遺産の分割は、どのようにするのですか…………………103
Q20 相続の承認と放棄の制度は、
　　　どのようになっていますか………………………………108
Q21 遺贈とは、どういうことですか …………………………112
Q22 相続に関する家庭裁判所への申立は、
　　　どのようにするのですか…………………………………115

●●● **第4章　葬儀は、どのようにするのですか** ●●●

Q23 葬儀社の選び方や頼み方は、どうするのですか …………117
Q24 葬儀のやり方は、どのように決めるのですか ……………120
Q25 葬儀と葬儀後の諸手続には、どんなものがありますか …122
Q26 戒名は、必ず付けるのですか ………………………………128
Q27 法要は、どのようにするのですか …………………………130
Q28 お墓がない場合は、どうするのですか ……………………132

目　次

●●● 第5章　老後の介護保険の制度は、
　　　　　どのようになっていますか ●●●

Q29　老後の介護保険の仕組みは、
　　　どのようになっていますか……………………………………… 135

Q30　老後の介護保険を利用する手続は、
　　　どのようにするのですか………………………………………… 140

Q31　介護保険のサービス内容と利用料金は、
　　　どのようになっていますか……………………………………… 145

●●● 第6章　高齢者の病気は、
　　　　　どんな特徴をもっていますか ●●●

Q32　老化現象とは、どんなものですか ………………………………… 157

Q33　高齢者には、どんな病気が多いのですか……………………… 161

Q34　認知症とは、どんな症状ですか …………………………………… 168

Q35　生活習慣病とは、どんな病気ですか …………………………… 172

Q36　高齢者の終末期の変化は、どのようなものですか ……… 176

事項索引 (179)

vii

ひとり暮らしの老後に備える

第1章
老後の見守り契約と後見の制度は、どのようになっていますか

Q1
老後の見守り契約と後見の制度には、どんなものがありますか

A1

1　財産管理の委任契約（見守りと死後の事務処理の委任契約）とは

(1)　高齢になると、認知症のような判断能力の低下はなくても、病気やケガで身体の自由がきかなくなり、預金の出し入れや日常生活に必要な物品の購入も困難になる場合があります。このような場合には、判断能力の低下も認められないことから、法定後見制度も使えないので、任意の財産管理の委任契約によって日常生活を見守ってもらうことになります。

(2)　委任契約とは、民法に定める契約の一種で、他人に対して、財産管理などの法律行為をすることを委託する契約をいいます。当事者の一方（委任者）が相手方（受任者）に事務の処理を委託し、相手方がこれを承諾することで成立する契約なのです（民法643条）。

例えば、介護保険施設との入所契約の締結を委託するような場合です。委任契約を締結する場合には、一般に、委任者は相手方の受任者に契約締結権限のような代理権を授与します。代理権を有する者を代理人といいますが、その資格その他に何らの制限もありません。

(3)　契約の締結のような法律行為以外の事務（例えば、看護）の委託を「準委任」といいますが、委任の規定が全面的に準用されます（民法656条）。

(4)　財産管理の委任契約は、法定後見制度のような複雑な手続の必要がなく、

第1章　老後の見守り契約と後見の制度は、どのようになっていますか

次のような契約書により委任契約を締結するだけで、何らの手続も必要ありません。

以下の契約書の記載例では、委任する者の氏名をＡと表記し、受任する者の氏名をＢと表記します。

(5)　上記(4)の契約書の記載例の委任する事項は、一例に過ぎないので、次のような事項を委任する場合もあります。

【委任事項】
　①　Ａに帰属する一切の財産及びその果実の管理・保存に関する事項
　②　贈与又は遺贈の受諾又は拒絶に関する事項
　③　福祉関係の措置の申請及び決定に対する不服申立に関する事項
　④　登記済権利証、実印、印鑑登録カードの保管及び必要な範囲内での使用に関する事項
　⑤　税金の申告及び納付に関する事項
　⑥　民事訴訟の被告となった場合の訴訟代理人への依頼に関する事項

なお、委任報酬は、特に定めない限り無償とされますが、委任契約で、例えば、「Ａは、Ｂに対し、1か月当たり金〇万円の委任報酬を毎月末日限り支払う」といった契約をする場合もあります。

(6)　以上に述べた財産管理の委任契約は、生前の見守りに必要な財産管理を中心としたものですが、その契約書の中で、「死後の事務処理の委任契約」を締結することもできますし、別の「死後の事務処理の委任契約」を締結することもできます。契約書の記載例は、次頁の通りです。委任者の氏名をＡと表記し、受任者の氏名をＢと表記します。

(7)　委任契約の終了事由として、「委任者又は受任者の死亡」とともに次の3つが規定されていますが（民法653条）、最高裁判所の判例により上記(6)のような死後の事務処理の委任契約については有効と解しています。

【委任契約の終了】
　①　委任者又は受任者の死亡
　②　委任者又は受任者が破産手続開始の決定を受けたこと
　③　受任者が後見開始の審判を受けたこと

Q1　老後の見守り契約と後見の制度には、どんなものがありますか

【見守り契約】

契約書

　委任者Aは、受任者Bに対して、Aの生活、療養看護及び財産管理に関する事務を委任し、Bは、下記の条項により、これを受任した。

記

第1条　Aは、Bに対し、次の事務を委任し、その事務処理のための代理権を付与する。
(1)　有料老人ホーム、介護保険施設その他の施設の入所契約の締結・変更・解除及び費用の支払に関する事項
(2)　病院等への入院その他の医療契約の締結・変更・解除及び費用の支払に関する事項
(3)　介護保険法に基づく要介護又は要支援の認定に関する申請・承認・不服申立に関する事項
(4)　日常生活に必要な生活費の管理、物品の購入に関する事項
(5)　上記の各支払に必要な預金の払い出しその他の金融機関との取引に関する事項
(6)　住民票、戸籍謄本その他の行政機関の発行する証明書の受領に関する事項
(7)　以上の各事項に関連する一切の事項

第2条　Bが本件委任事務を処理するために必要な費用は、Aの負担とし、Bは、その管理するAの財産から支出する。

第3条　Aは、Bに対し、随時、費用の支出状況の報告を求めることができる。

第4条　A及びBは、いつでも、この契約を解約することができる。

　以上の通り契約が成立したことを証するため、この契約書を2通作成し、双方記名押印の上、各1通を保有する。

　　平成○年○月○日

　　　　　　　　○市○町○丁目○番○号
　　　　　　委任者　　　　　　　A　　（印）

　　　　　　　　○市○町○丁目○番○号
　　　　　　受任者　　　　　　　B　　（印）

第1章　老後の見守り契約と後見の制度は、どのようになっていますか

【死後の事務処理の委任契約】

契約書

　委任者Ａは、受任者Ｂに対して、Ａの死後の事務の処理を委任し、Ｂは、下記の条項により、これを受任した。

記

第１条　Ａは、Ｂに対し、次の事務を委任し、その事務処理のための代理権を付与する。
(1) 死亡届、葬儀、埋葬に関する事項
(2) 一切の債権の回収及び債務の弁済に関する事項
(3) 医療費、施設利用費用、公租公課の支払に関する事項
(4) 年金関係の届け出その他の一切の届け出事務処理に関する事項
(5) 相続人への相続財産の引渡その他の一切の遺品整理事務に関する事項
(6) 以上の各事項に関連する一切の事項

第２条　Ｂが本件死後の委任事務を処理するために必要な費用は、Ｂの管理するＡの遺産から支出する。

第３条　Ａ及びＢは、いつでも、この契約を解約することができる。

　以上の通り契約が成立したことを証するため、この契約書を２通作成し、双方記名押印の上、各１通を保有する。

　　平成○年○月○日

　　　　　　　　　　○市○町○丁目○番○号
　　　　　　　　委任者　　　　　　Ａ　　　（印）

　　　　　　　　　　○市○町○丁目○番○号
　　　　　　　　受任者　　　　　　Ｂ　　　（印）

　最高裁判所平成4年9月22日判決によると、委任者が受任者に対し、入院中の諸費用の病院への支払い、自己の死後の葬式を含む法要の施行とその費用の支払、入院中に世話になった家政婦や友人に対する応分の謝礼金の支払を委任する契約は、当然委任者の死亡によっても契約を終了させない旨の合意を包含する趣旨のものであり、民法653条の法意がかかる合意の効力を否定するものではない、としています。

(8) 以上に述べた財産管理の委任契約（見守り契約や死後の事務処理の委任契約）は、法定後見制度が利用できない場合や利用できる場合でも複雑な手続をしないために利用されます。これらの財産管理の委任契約を利用する主な利点は次の通りです。

【委任契約の利点】
① 法定後見制度の要件を満たさない場合にも利用することができること
② 委任契約の内容を自由に定めることができること
③ 委任契約締結後に判断能力が低下した場合にも委任契約を継続できること
④ 委任者の死後の事務処理についても委任契約をすることができること
⑤ 療養・看護・介護のような法律行為（契約締結）以外の行為も委任できること

2 後見の制度とは

(1) 後見の制度とは、認知症の高齢者のような精神上の障害により判断能力が不十分な者を保護する制度をいいます。判断能力が不十分な者を援助するために判断能力の程度に応じた保護者を付けることとしています。

(2) 高齢者の後見の制度には、次の2つの制度がありますが、これを補うものとして、上記Q1の1に述べた財産管理の委任契約（見守り契約と死後の事務処理の委任契約）があります。次の法定後見制度も任意後見制度も複雑で利用しにくいことから、上記の委任契約で対応することができる場合には、これで対応する場合も多いのです。
① 保護を受ける本人の判断能力が不十分な場合に利用する民法に規定する「**法定後見制度**」
② 保護を受ける本人の判断能力が十分なうちに利用する任意後見契約に関する法律に規定する「**任意後見制度**」

(3) 法定後見制度は、保護を受ける本人の判断能力の程度に応じて、次の3種類に分けられています。本人の判断能力の程度は、家庭裁判所の審判によって判断されます。

第1章　老後の見守り契約と後見の制度は、どのようになっていますか

【法定後見制度】
　①　成年後見人の制度（民法7条）
　②　保佐人の制度（民法11条）
　③　補助人の制度（民法15条）

(4)　任意後見制度は、本人の判断能力があるうちに（本人が決められるうちに）前もって将来の任意後見人となる者との契約によって任意後見人を定めておく制度をいいます（任意後見契約に関する法律）。

(5)　法定後見制度と任意後見制度の大きい相違は、①法定後見制度では、保護を受ける本人の判断能力が既に不十分な場合の事後の措置として家庭裁判所が保護者（成年後見人、保佐人、補助人）を選任する制度であるのに対して、②任意後見制度は、本人の判断能力が十分な場合の「転ばぬ先の杖」として前もって判断能力が不十分になった場合に備えて任意後見契約を締結しておくもので、この契約は、実際に保護が必要になった場合に任意後見監督人が家庭裁判所で選任された時に効力を発生します。

【法定後見の3制度】（保護を受ける本人の判断能力が不十分な場合に利用する）
　①　本人が判断能力を欠く常況にある場合は、成年後見人が保護者となる
　②　本人の判断能力が著しく不十分な場合は、保佐人が保護者となる
　③　本人の判断能力が不十分な場合は、補助人が保護者となる

【任意後見制度】（保護を受ける本人の判断能力が十分な場合に利用する）
　ア　本人の判断能力が不十分となった場合に備えて将来の任意後見人となる人と任意後見契約を公正証書によって締結する
　イ　任意後見契約は本人の判断能力が不十分になった場合に任意後見監督人が家庭裁判所で選任されることによって効力が発生する

3　法定後見の制度とは

(1)　法定後見の制度では、家庭裁判所が申立人の申立によって本人の判断能力の程度（認知症のような精神上の障害による事理を弁識する能力の程度）に応じて、①後見開始の審判、②保佐開始の審判、③補助開始の審判のいずれかの審判をします。審判の申立人になれる者には、保護を受ける本人、配偶者（夫か妻）、4親等内の親族（いとこまでの親族）、検察官がありますが、身寄りのない

Q1　老後の見守り契約と後見の制度には、どんなものがありますか

場合のような申立人のいない場合は、市町村長が申立をすることもできます。

(2)　保護を受ける本人の判断能力の程度は、次のように区分されます。
　①　後見開始の審判がなされる場合は、本人の判断能力が全くない場合で、この場合の本人を成年被後見人といい、保護者を成年後見人といいます。
　②　保佐開始の審判がなされる場合は、本人の判断能力が著しく不十分な場合で、この場合の本人を被保佐人といい、保護者を保佐人といいます。
　③　補助開始の審判がなされる場合は、本人の判断能力が不十分な場合で、この場合の本人を被補助人といい、保護者を補助人といいます。

4　任意後見制度とは

(1)　任意後見制度では、保護を受ける本人が判断能力のあるうちに、前もって後見人になってもらう人（任意後見受任者といいます）と任意後見契約を公証人の作成する公正証書によって締結します。実際に任意後見人が必要になった場合には、保護を受ける本人、配偶者、4親等内の親族、任意後見受任者のいずれかから家庭裁判所に「任意後見監督人」の選任の申立を行い、任意後見監督人が選任されることによって任意後見契約の効力が発生します。

(2)　任意後見制度は、認知症のような精神上の障害によって判断能力が不十分な状態になった場合に備えて、前もって任意後見契約をしておく制度です。任意後見人に対する報酬額は、任意後見契約の中で定めることになります。

第1章 老後の見守り契約と後見の制度は、どのようになっていますか

Q2 成年後見人の制度は、どのようになっていますか

A2

1 成年後見人の制度とは

(1) 成年後見人の制度とは、**保護を受ける本人が判断能力を欠く常況にある者**（認知症のような精神上の障害により事理を弁識する能力を欠く常況にある者）について、家庭裁判所が一定の申立人からの申立によって後見開始の審判をする制度をいいます（民法7条）。「常況にある」とは、一時的に回復することはあっても、判断能力を欠くのを通常の状態とすることをいいます。この審判を受けた者を「成年被後見人」といい、その保護者を「成年後見人」といいます（民法8条）。家庭裁判所は、後見開始の審判をする場合には、職権で成年後見人を選任します（民法843条1項）。

(2) 後見開始の審判の申立ができる主な者は、保護を受ける本人、配偶者（夫又は妻）、4親等内の親族（いとこまでの親族）、保佐人、補助人、検察官とされていますが（民法7条）、老人福祉法その他の法律で身寄りがなく申立人のいない場合には、その福祉を図るため特に必要があると認めるときは、市町村長が申立をすることができます。

(3) 後見開始の審判の手続に際して保護を受ける本人の同意は不要です。成年後見人は、被後見人の財産に関するすべての法律行為（例えば、契約）を本人に代理して行うこととされていますから、代理権の付与について本人の同意は不要です（民法859条）。

(4) 後見開始の審判の効力が生じた場合は、家庭裁判所書記官は、遅滞なく「後見登記等に関する法律」に定める成年後見の登記の手続をします。登記がなされると成年後見人の権限を証明する書類として登記所で「登記事項証明書」の交付を受けられます。

2　成年後見人の仕事

(1)　成年後見人は、成年被後見人の財産を管理し、その財産に関する法律行為（例えば、預金の管理、財産の売買契約、介護保険施設との入所契約）について成年被後見人を代理します（民法859条）。

(2)　成年後見人は、成年被後見人の生活・療養看護・財産の管理に関する事務を行うにあたっては、成年被後見人の意思を尊重し、その心身の状態や生活の状況に配慮する必要があります（民法858条）。

(3)　成年被後見人のした法律行為（例えば、契約）は、日用品の購入その他日常生活に関する行為（例えば、電気・ガス・水道料の支払い）を除いて、成年後見人や成年被後見人本人が、これを取り消すことができます（民法9条）。

(4)　成年後見人は、成年被後見人の日用品の購入その他日常生活に関する行為を除いて、成年被後見人の財産に関するすべての法律行為に関する代理権を有するほか、成年被後見人のした法律行為（契約）についての取消権を有します。

3　後見開始の審判の申立の手続

(1)　後見開始の審判の申立は、申立人（保護を受ける本人、配偶者、4親等内の親族、保佐人、補助人等）が保護を受ける本人の住所地の家庭裁判所に「後見開始申立書」を提出します。審判申立の手続は、家事事件手続法に規定していますが、実務上は、各家庭裁判所で無料で交付を受けられる「後見開始申立書」用紙に、窓口に備え付けている記入見本に従って記入して提出します。家庭裁判所の窓口で記入の仕方その他の相談に応じてもらえます。提出する書類や書式は家庭裁判所によって異なりますから、必要な用紙は提出する家庭裁判所で交付を受けます。

(2)　「後見開始申立書」に添付する主な書類は、次の通りです。申立書の用紙の交付を受ける際に家庭裁判所の窓口で添付書類を確認しておきます。
　① 保護を受ける本人の戸籍謄本、住民票、登記事項証明書（成年後見の登記のされていないことの証明書）、医師の診断書、財産目録（財産に関する資料）

第 1 章　老後の見守り契約と後見の制度は、どのようになっていますか

　　② 成年後見人の候補者がいる場合は、その者の住民票
　　③ 申立人の戸籍謄本
　　④ 家庭裁判所の指定する書類（家庭裁判所によって異なります）

　財産目録や診断書の用紙は家庭裁判所で交付された用紙を使用します。**財産目録の用紙**には、次のような事項を記入します。
　　ア　不動産（土地と建物）の所在地、地目と地積、建物の種類と面積
　　イ　現金、預貯金、国債、保険契約、株式その他の金融資産の金額
　　ウ　負債（借金）の金額、種類、債権者名
　　エ　年間収入見込みと支出見込みの各金額と内容
　医師の**診断書の用紙**には次のような事項を記入します。医師は精神科に限らず、かかりつけの医師でかまいません。家庭裁判所は、必要があると認めた場合には、精神鑑定を行いますが、精神鑑定書は申立書の添付書類ではありません。
　　ア　本人の氏名・住所・生年月日・性別・年齢
　　イ　医学的診断による診断名、所見
　　ウ　判断能力判定についての意見と判定の根拠（検査所見）
　　エ　医師の属する病院・診療所名、住所、医師名と押印

(3)　**後見開始の申立の費用**は、次の通りです。
　　① 審判の申立手数料として、収入印紙 800 円分
　　② 家庭裁判所で指定された種類と枚数の郵便切手（約 4,000 円分程度）
　　③ 後見開始の審判の後の登記費用として、収入印紙 2,600 円分
　　④ 家庭裁判所が精神鑑定の必要を認めた場合の鑑定費用として約 5 万円から 10 万円程度

(4)　**「後見開始申立書」用紙に記入する主な事項**は、次の通りです。
　　① 申立人の本籍・住所・氏名・生年月日・職業・本人との関係（続柄その他）
　　② 本人の本籍・住所・氏名・生年月日・職業
　　③ 申立の趣旨（「本人について後見を開始するとの審判を求める」と記入する）
　　④ 申立の実情（申立の動機・理由、本人の生活状況などを具体的に記入する）

⑤　成年後見人候補者の住所・氏名・生年月日・職業・本人との関係

(5)　家庭裁判所は、後見開始の審判をする場合には、本人が被保佐人又は被補助人であるときは、その保佐開始の審判や補助開始の審判を職権で取り消します（民法19条）。

(6)　家庭裁判所は、後見開始の審判をする場合には、本人の精神の状況について鑑定をする必要がありますが、明らかにその必要がないと認められる場合（例えば、植物状態の場合）には鑑定の必要はありません（家事事件手続法119条）。

(7)　家庭裁判所が成年後見人を選任する場合には、成年被後見人の心身の状態、生活や財産の状況、成年後見人となる者の職業や経歴、成年被後見人との利害関係の有無、成年被後見人の意見その他一切の事情を考慮する必要があります（民法843条4項）。

　成年後見人は親族の中から選任される場合が多いのですが、成年後見人は、本人の財産に関するすべての法律行為（契約）を本人に代わって行うことができる広範な権限を有するために本人の財産を不正に着服したり場合がありますから成年後見人の候補者の選定は慎重にする必要があります。成年後見人である弁護士が本人の財産を不正に着服したケースも報道されています。

(8)　成年後見人の職務を監督するために、家庭裁判所は、必要があると認めるときは、成年被後見人、その親族もしくは成年後見人の請求により又は家庭裁判所の職権によって、成年後見監督人（成年後見人の職務を監督する者）を選任することができます（民法849条の2）。この場合、成年後見人の配偶者・直系血族・兄弟姉妹は、成年後見監督人になることはできません（民法850条）。

(9)　家庭裁判所のした審判に不服がある場合は、**即時抗告（2週間以内にする不服申立）**により**不服申立**をすることができます。後見開始の審判を申し立てることのできる者（申立人を除く）は、後見開始の審判に対して即時抗告をすることができます。申立人は、後見開始の審判の申立を却下する審判に対して、即時抗告をすることができます（家事事件手続法123条）。

4　成年後見人の選任後の成年後見人の事務

(1)　成年後見人は、選任された後、遅滞なく成年被後見人の財産の調査に着

第1章　老後の見守り契約と後見の制度は、どのようになっていますか

手し、1か月以内に、その財産の調査を終わり、その財産の目録を作成する必要があります。しかし、1か月の期間は、成年被後見人の住所地の家庭裁判所において伸長することができます（民法853条1項）。

(2)　成年後見人による財産の調査と財産の目録の作成は、成年後見監督人がある場合には、その立会をもってしなければ、その効力を生じません（民法853条2項）。

(3)　成年後見人は、財産の目録の作成が終わるまでは、急迫の必要がある行為だけしか行ってはなりませんが、急迫の必要のない行為を行った場合でも、相手方がその事情を知らなかった場合には、その者に対しては無効を主張することはできません（民法854条）。

(4)　成年後見人が、成年被後見人に対して債権（例えば、貸金のある場合）を有し、又は債務（例えば、借金がある場合）を負う場合において、成年後見監督人がある場合には、財産の調査に着手する前に成年後見監督人に申し出る必要があります。成年後見人が、成年被後見人に対し債権を有することを知って、これを申し出ない場合には、その債権を失います（民法855条）。

(5)　成年後見監督人又は家庭裁判所は、いつでも、成年後見人に対し後見の事務の報告もしくは財産の目録の提出を求め、又は後見の事務もしくは成年被後見人の財産の状況を調査することができます（民法863条1項）。

(6)　家庭裁判所は、成年後見監督人、成年被後見人もしくはその親族その他の利害関係人の請求により又は家庭裁判所の職権で、成年被後見人の財産の管理その他の後見の事務について必要な処分を命ずることができます（民法863条2項）。

(7)　成年後見人は、その就職の初めに、成年被後見人の生活又は療養看護及び財産の管理のために毎年支出すべき金額を予定する必要があります。成年後見人が後見の事務を行うために必要な費用は、成年被後見人の財産の中から支出します（民法861条）。

(8)　家庭裁判所は、成年後見人や成年被後見人の資力その他の事情によって、成年被後見人の財産の中から相当な報酬を成年後見人に与えることができます

（民法862条）。この場合には、家庭裁判所に報酬付与の審判の申立を行う必要があります。

(9) 成年後見人の選任後の仕事の主なものは、次の通りです。
① 家庭裁判所からの選任の審判書による告知の受領（不服申立のない場合は即時抗告期間2週間の経過で確定）
② 成年後見人であることの登記事項証明書を登記所（法務局）で取得
③ 財産目録、身上監護と財産管理の計画書作成、家庭裁判所への報告
④ 成年被後見人の生活・療養看護、財産の管理の事務の実施、家庭裁判所への報告
⑤ 成年被後見人の住所移転その他の登記事項の変更の場合の登記申請
⑥ 成年被後見人の死亡その他の事由による後見の終了とその登記申請
⑦ 財産の清算事務と家庭裁判所への終了報告

5 成年後見人の欠けた場合の選任の申立の手続

(1) 成年後見人の死亡その他の事由によって成年後見人が欠けた場合には、家庭裁判所は、成年被後見人もしくはその親族その他の利害関係人の請求により、又は家庭裁判所の職権により、新たな成年後見人を選任します（民法843条2項）。

(2) 新たな成年後見人の選任の申立をする場合には、「成年後見人選任の審判申立書」を成年被後見人の住所地の家庭裁判所に提出する必要があります。この場合の審判申立書の用紙も家庭裁判所の窓口で無料で交付されます。申立書用紙への記入要領は後見開始申立書の場合と同様になりますが、記入見本を家庭裁判所の窓口で閲覧することができます。申立書の添付書類は、記入用紙の交付を受ける際に家庭裁判所の窓口で確認しておきます。

(3) 「成年後見人選任の審判申立書」用紙に記入する主な事項は、次の通りです。
① 申立人の住所・氏名・生年月日・職業・本人との関係（続柄その他）
② 成年被後見人の本籍・住所・氏名・生年月日・職業
③ 申立の趣旨（例えば、成年被後見人の成年後見人として申立人を選任するとの審判を求める、のように記入する）

第 1 章　老後の見守り契約と後見の制度は、どのようになっていますか

　　④　申立の実情（申立の理由、実情などを具体的に記入する）

(4)　新たな**成年後見人の選任の申立の費用**は、次の通りです。
　　①　審判の費用として、収入印紙 800 円分
　　②　家庭裁判所で指定された種類と枚数の郵便切手（約 1 千円程度）

(5)　新たな成年後見人を選任する審判をする場合には、家庭裁判所は、成年被後見人となるべき者又は成年被後見人の陳述を聴くことが可能な場合には、聴く必要があります。この申立については、却下の審判・認容の審判ともに不服申立はできません。

(6)　成年後見監督人が欠けた場合は、任意機関であることから、その補充の必要性が認められる場合に限り、新たな成年後見監督人の選任の申立をします。この場合の選任申立の手続は、新たな成年後見人の選任申立の手続と同様にします。

Q3 保佐人の制度は、どのようになっていますか

A3

1 保佐人の制度とは

（1） 保佐人の制度とは、保護を受ける本人の判断能力が著しく不十分な者（認知症のような精神上の障害により事理を弁識する能力が著しく不十分な者）について、家庭裁判所が一定の申立人からの申立によって保佐開始の審判をする制度をいいます（民法11条）。この保佐開始の審判を受けた者を「被保佐人」といい、その保護者を「保佐人」といいます（民法12条）。家庭裁判所は、保佐開始の審判をする場合には、家庭裁判所の職権で保佐人を選任します（民法876条の2第1項）。

（2） 保佐開始の審判の申立ができる主な者は、保護を受ける本人、配偶者（夫又は妻）、4親等内の親族（いとこまでの親族）、成年後見人、補助人、検察官とされていますが（民法11条）、老人福祉法その他の法律で身寄りがなく申立人のいない場合には、市町村長が申立をすることができます。

（3） 保佐開始の審判の手続開始には本人の同意は不要です（補助開始の手続には本人の同意が必要）。保佐開始の審判の申立に際して特定の法律行為（例えば、契約）について保佐人に代理権を付与する審判を請求することができますが、この場合に本人以外の者が請求する場合は、本人の同意が必要です。

（4） 保佐開始の審判の効力が生じた場合は、家庭裁判所書記官は、遅滞なく「後見登記等に関する法律」に定める保佐の登記の手続をします。

2 保佐人の仕事

（1） 保佐人は、被保佐人が次の行為をする場合に同意を与えることができます（民法13条1項）。ただし、日用品の購入その他日常生活に関する行為については同意は不要です。

第1章　老後の見守り契約と後見の制度は、どのようになっていますか

【保佐人の同意を要する行為】
　① 利息を生む元本を受領したり利用すること
　② 借金をしたり他人の債務を保証すること
　③ 不動産その他の重要な財産に関する取引を目的とする行為をすること
　④ 原告となって訴訟をすること
　⑤ 贈与・和解・仲裁合意をすること
　⑥ 相続の承認若しくは放棄又は遺産の分割をすること
　⑦ 贈与の申込みを拒絶したり遺贈（遺言による贈与）を放棄したり、負担の付いた贈与（例えば、贈与の条件に毎年一定額を支払う義務を負う場合）の申込みを承諾したり負担の付いた遺贈を承認すること
　⑧ 家の新築・改築・増築・大修繕をすること
　⑨ 短期の賃貸借（例えば、5年以内の宅地の賃貸借、3年以内の建物賃貸借）の期間を超える期間の賃貸借をすること

(2)　上の①から⑨までの行為以外の行為についても、保佐開始の審判の申立のできる者・保佐人・保佐監督人の請求によって家庭裁判所は保佐人の同意を要する行為とすることができます（民法13条2項）。家庭裁判所は、保佐人が被保佐人の利益を害するおそれがないにもかかわらず、同意をしない場合には、被保佐人の請求によって保佐人の同意に代わる許可を与えることができます（民法13条3項）。

(3)　保佐人は、保佐人の同意を得なければならない行為について同意や同意に代わる許可を得ないでした行為は取り消すことができます（民法13条4項）。被保佐人本人も取り消すことができます。

(4)　保佐人は、保佐の事務を行うに当たっては、被保佐人の意思を尊重し、その心身の状態や生活の状況に配慮する必要があります（民法876条の5第1項）。

3　保佐開始の審判の申立の手続

(1)　保佐開始の審判の申立は、申立人（保護を受ける本人、配偶者、4親等内の親族その他の申立権者）が保護を受ける本人の住所地の家庭裁判所に「保佐開始申立書」を提出します（民法11条）。審判の申立の手続は、後見開始の審

Q3　保佐人の制度は、どのようになっていますか

判の申立の場合と同様に、実務上は、申立書提出先の家庭裁判所で無料で交付を受けられる「保佐開始申立書」用紙に、窓口に備え付けている記入見本に従って記入して提出します。用紙の書式は、家庭裁判所によって異なる場合があります。家庭裁判所の窓口では記入の仕方その他の相談に応じてもらえます。

(2)　「保佐開始申立書」に添付する主な書類は、次の通りです。申立書の用紙の交付を受ける際に家庭裁判所で添付書類を確認しておきます。
　①　保護を受ける本人の戸籍謄本、住民票、登記事項証明書（保佐等の登記のなされていないことの証明書）、医師の診断書、財産目録（財産に関する資料）
　②　保佐人の候補者の住民票
　③　民法13条1項に規定する行為（上記2の(1)の①から⑨の行為）以外の行為について保佐人の同意を得ることとする場合や特定の行為について保佐人に代理権を付与する場合は、その契約書写しその他の対象行為を証する資料
　④　家庭裁判所の指定する書類（家庭裁判所により異なります）

医師の診断書や財産目録の用紙は家庭裁判所で交付された用紙を使用します。記入する事項は、後見開始の審判の申立の場合と同じです。

(3)　申立の費用は、次の通りです。
　①　保佐開始の審判申立のための収入印紙800円分
　　　別に「代理権付与の申立」をする場合は800円分を加算します。
　　　別に「同意権の拡張の申立」をする場合は800円分を加算します。
　　　（保佐開始＋代理権付与＋同意権拡張の申立をする場合は、合計2,400円分の収入印紙）
　②　家庭裁判所で指定された種類と枚数の郵便切手（約4千円分程度）
　③　保佐の登記手数料の収入印紙2,600円分
　④　家庭裁判所が必要と認めた場合の精神鑑定費用（約5万円から10万円程度）

(4)　「保佐開始申立書」に記入する主な事項は、次の通りです。
　①　申立人の本籍・住所・氏名・生年月日・職業・本人との関係（続柄その他）

第1章　老後の見守り契約と後見の制度は、どのようになっていますか

　　② 本人の本籍・住所・氏名・生年月日・職業
　　③ 申立の趣旨（「本人について保佐を開始するとの審判を求める」と記入します）
　　　ア　別に「**代理権の付与**」の審判を求める場合は、追加して「本人のために以下の行為について保佐人に代理権を付与するとの審判を求める。」と記載し、例えば、「介護保険施設と入所契約を締結すること」のように記入します。この申立については、家庭裁判所によっては専用の用紙を準備している場合があります。
　　　イ　別に「**同意権の拡張**」の審判を求める場合は、追加して「本人が別紙同意行為目録記載の行為（日用品の購入その他日常生活に関する行為を除く）をするにも、その保佐人の同意を得なければならないとの審判を求める」と記載し、別紙に同意を要する行為を記載して添付します。上記2の(1)の民法13条1項に規定する保佐人の同意を要する行為については申立の必要はありません。この申立については、家庭裁判所によっては専用の用紙を準備している場合があります。
　　④ 申立の実情（申立の理由、本人の生活状況などを具体的に記入します）。
　　⑤ 保佐人の候補者の住所・氏名・生年月日・職業・本人との関係

(5)　家庭裁判所は、保佐開始の審判をする場合に、本人が成年被後見人又は被補助人であるときは、本人に係る後見開始又は補助開始の審判を職権で取り消します（民法19条2項）。

(6)　家庭裁判所は、保佐開始の審判をする場合には、本人の精神の状況について医師その他の適当な者に鑑定をさせる必要があります。ただ、明らかにその必要がないと認められる場合には鑑定の必要はありません（家事事件手続法133条・119条1項）。

(7)　家庭裁判所が保佐人を選任する場合には、被保佐人の心身の状態、生活や財産の状況、保佐人となる者の職業や経歴、被保佐人との利害関係の有無、被保佐人の意見その他の一切の事情を考慮する必要があります（民法876条の2第2項）。

(8)　家庭裁判所は、必要があると認めるときは、被保佐人、その親族若しくは保佐人の請求により又は家庭裁判所の職権によって、保佐監督人（保佐人の

Q3　保佐人の制度は、どのようになっていますか

職務を監督する者）を選任することができます（民法876条の3第1項）。この場合、保佐人の配偶者、直系血族、兄弟姉妹は、保佐監督人になることはできません（民法876条の3第2項）。保佐監督人の選任の申立書も、Q2に述べた成年後見監督人の選任の申立書と同様になります。

(9)　保佐開始の審判の申立のできる者（申立人を除く）は、保佐開始の審判に対し即時抗告（2週間以内の不服申立）ができます。申立人は、保佐開始の審判の申立を却下する審判に対し、即時抗告をすることができます（家事事件手続法132条1項）。

第1章　老後の見守り契約と後見の制度は、どのようになっていますか

Q4 補助人の制度は、どのようになっていますか

A4

1　補助人の制度とは

（1）　補助人の制度とは、保護を受ける本人の判断能力が不十分な者（認知症のような精神上の障害により事理を弁識する能力が不十分な者）について、家庭裁判所が一定の申立人からの申立によって補助開始の審判をする制度をいいます（民法15条）。この補助開始の審判を受けた者を「被補助人」といい、その保護者を「補助人」といいます（民法16条）。家庭裁判所は、補助開始の審判をする場合には、家庭裁判所の職権で補助人を選任します（民法876条の7第1項）。

（2）　補助開始の審判の申立ができる主な者は、保護を受ける本人、配偶者、4親等内の親族（いとこまでの親族）、成年後見人、保佐人、検察官とされていますが（民法15条1項）、老人福祉法その他の法律で身寄りがなく申立人のいない場合には、市町村長が申立をすることができます。

（3）　補助開始の審判をするには、必ず本人の同意が必要です（民法15条2項）。

（4）　家庭裁判所は、補助開始の審判の申立のできる者の請求により、被補助人が特定の法律行為（例えば、契約）をするにはその補助人の同意を得なければならない旨の審判をすることができますが、その行為の範囲は民法13条で保佐人が同意できるとされる行為（Q3の2の(1)）の一部に限られます。この場合の審判をする場合にも、本人の同意が必要です（民法17条・13条）。

（5）　家庭裁判所は、補助開始の審判の申立のできる者の請求により、被補助人のために特定の法律行為（例えば、契約）について補助人に代理権を付与する旨の審判をすることができます。この場合の審判をする場合にも、本人の同意が必要です（民法876条の9）。

（6） 補助開始の審判の効力が生じた場合は、家庭裁判所書記官は、遅滞なく「後見登記等に関する法律」に定める補助の登記の手続をします。

2 補助人の仕事

（1） 補助人は、被補助人が家庭裁判所の審判で補助人の同意を得なければならないと定めた次の行為の一部をする場合に被補助人に同意を与えることができます（民法17条1項・13条1項）。ただし、日用品の購入その他日常生活に関する行為については同意の対象とはできません。

【補助人の同意を要する行為】
① 利息を生む元本を受領したり利用すること
② 借金をしたり他人の債務を保証すること
③ 不動産その他の重要な財産に関する取引を目的とする行為をすること
④ 原告となって訴訟をすること
⑤ 贈与・和解・仲裁合意をすること
⑥ 相続の承認若しくは放棄又は遺産分割をすること
⑦ 贈与の申込みを拒否したり遺贈（遺言による贈与）を放棄したり、負担の付いた贈与（例えば、贈与の条件に毎年一定額を支払う義務を負う場合）の申込みを承諾したり負担の付いた遺贈を承認すること
⑧ 家の新築・改築・増築・大修繕をすること
⑨ 短期の賃貸借（例えば、5年以内の宅地の賃貸借、3年以内の建物賃貸借）の期間を超える期間の賃貸借をすること

（2） 家庭裁判所は、補助人の同意を要する行為について補助人が被補助人の利益を害するおそれがないにもかかわらず同意をしない場合には、被補助人の請求によって補助人の同意に代わる許可を与えることができます（民法17条3項）。

（3） 補助人は、補助人の同意を得なければならない行為について被補助人が同意や同意に代わる許可を得ないでした行為は取り消すことができます（民法17条4項）。被補助人本人も取り消すことができます。

（4） 補助人は、家庭裁判所の審判により特定の法律行為（例えば、契約）について代理権を付与される場合があります（民法876条の9）。代理権の付与に

第1章　老後の見守り契約と後見の制度は、どのようになっていますか

は、補助開始の審判、代理権付与の審判、本人の同意のすべてが必要です。

3　補助開始の審判の申立の手続

(1)　補助開始の審判の申立は、申立人（保護を受ける本人、配偶者、4親等内の親族その他の申立権者）が保護を受ける本人の住所地の家庭裁判所に「補助開始申立書」を提出します（民法15条）。審判申立の手続は、後見開始や保佐開始の審判の申立の場合と同様に、申立書提出先の家庭裁判所で無料で交付を受けられる「補助開始申立書」用紙に、窓口に備え付けている記入見本に従って記入して提出します。家庭裁判所の窓口では記入の仕方その他の相談に応じて貰えます。

(2)　「補助開始申立書」に添付する主な書類は、次の通りです。家庭裁判所で申立書の用紙の交付を受ける際に添付書類を確認しておきます。
　① 保護を受ける本人の戸籍謄本、住民票、登記事項証明書（補助等の登記のなされていないことの証明書）、医師の診断書、財産目録（財産に関する資料）
　② 補助人の候補者の住民票
　③ 同意権や代理権の範囲に関する資料（契約書等）
　④ 家庭裁判所の指定する書類（家庭裁判所により異なります）

医師の診断書の用紙や財産目録の用紙は家庭裁判所で交付された用紙を使用します。記載要領は、成年後見開始の申立の場合と同じです。

(3)　**申立の費用**は、次の通りです。
　① 申立手数料は収入印紙800円分必要だが、これだけの申立はできない。
　② 同意権付与又は代理権付与のいずれかの申立をする場合は800円分加算する（合計1,600円分）
　③ 同意権付与と代理権付与の両方の申立をする場合は1,600円分を加算する（合計2,400円分）
　④ 家庭裁判所で指定された種類と枚数の郵便切手（約4千円分程度）
　⑤ 登記手数料として収入印紙2,600円分
　⑥ 家庭裁判所が精神鑑定を必要と認めた場合は鑑定費用（約5万円から10万円程度）が必要となる

Q4　補助人の制度は、どのようになっていますか

(4)　「補助開始申立書」に記入する主な事項は、次の通りです。
　① 　申立人の本籍・住所・氏名・生年月日・職業・本人との関係（続柄その他）
　② 　本人の本籍・住所・氏名・生年月日・職業
　③ 　申立の趣旨には、「本人について補助を開始するとの審判を求める」と記載するほか、「同意権の付与」や「代理権の付与」について次の通り記載します。家庭裁判所によっては専用の用紙を準備しています。
　　ア 　同意権の付与の審判を求める場合は、追加して「本人が以下の行為（日用品の購入その他日常生活に関する行為を除く）をするには、その補助人の同意を得なければならないとの審判を求める」と記載して、例えば、「遺産分割」のような行為を記載します。同意権の範囲は民法13条1項の行為（保佐人の同意を要する行為）の範囲に限られます（民法17条1項）。
　　イ 　代理権の付与の審判を求める場合は、追加して「本人のために以下の行為について補助人に代理権を付与するとの審判を求める」と記載して、例えば、「本人名義の家屋の新築工事」のような行為を記入します（民法876条の9第1項）。
　④ 　申立の実情（申立の理由、本人の生活状況などを具体的に記入します）
　⑤ 　補助人の候補者の住所・氏名・生年月日・職業・本人との関係

(5)　家庭裁判所は、補助開始の審判をする場合に、本人が成年被後見人又は被保佐人であるときは、本人に係る後見開始又は保佐開始の審判を職権で取り消します（民法19条2項）。

(6)　家庭裁判所は、補助開始の審判をする場合には、本人の精神の状況について医師その他適当な者の意見を聴く必要があります（家事事件手続法138条）。

(7)　家庭裁判所が補助人を選任する場合には、被補助人の心身の状態、生活や財産の状況、補助人となる者の職業や経歴、被補助人との利害関係の有無、被補助人の意見その他の一切の事情を考慮する必要があります（民法876条の7第2項）。

(8)　家庭裁判所は、必要があると認めるときは、被補助人、その親族若しくは補助人の請求により又は家庭裁判所の職権によって、補助監督人（補助人の

第 1 章　老後の見守り契約と後見の制度は、どのようになっていますか

職務を監督する者）を選任することができます（民法876条の8第1項）。この場合、補助人の配偶者、直系血族、兄弟姉妹は、補助監督人になることはできません（民法876条の8第2項）。

(9)　補助開始の審判の申立のできる者（申立人を除く）は、補助開始の審判に対し即時抗告（2週間以内にする不服申立）をすることができます。申立人は、補助開始の審判の申立を却下する審判に対しては、即時抗告をすることができます（家事事件手続法141条）。

Q5
任意後見契約による任意後見人制度は、どのようになっていますか

A5

1 任意後見契約による任意後見人の制度とは

(1) 任意後見人の制度とは、現在は十分な判断能力を有しているが、将来、認知症のような判断能力が不十分な状態になった場合（精神上の障害により事理を弁識する能力が不十分な状態になった場合）に備えた任意後見契約によって本人の生活、療養看護、財産管理の代理権を受任者（任意後見人）に付与する制度をいいます（任意後見契約に関する法律2条1号）。

民法にも既に判断能力が不十分で保護を必要とする状態の者のための①成年後見人、②保佐人、③補助人の3つの法定後見制度がありますが、任意後見人の制度は、本人が十分な判断能力を有している間に任意の委任契約（任意後見契約）で希望する範囲の代理権を付与することができる点に利点があります。任意後見契約は、本人の判断能力が不十分となり、家庭裁判所が任意後見監督人（任意後見人を監督する者）を選任した時から効力を生じます。任意後見監督人の選任前の受任者を「任意後見受任者」といい、選任された後には「任意後見人」といいます。

(2) **任意後見契約の特徴**は、次の通りです。
① 任意後見契約書は、公証人による公正証書として作成する必要があります。公証証書とは、法務大臣により任命された退職した元裁判官のような法律専門家である公証人が作成した公文書をいいます。公証人は、公証人役場で執務をしますが、作成依頼者が入院中のような場合は出張してくれます。
② 任意後見契約は、家庭裁判所が任意後見監督人を選任した時から契約の効力が生じますから、その旨の契約条項が必要です。
③ 任意後見契約は、保護を受ける本人が契約の締結能力を有している間（十分な判断能力がある間）に任意の委任契約によって将来の任意後見人

第1章　老後の見守り契約と後見の制度は、どのようになっていますか

となる者を決めます。
④　任意後見人は、契約で定めた範囲の代理権を有するだけで、同意権や取消権を有しないので、同意権や取消権が必要となる場合は民法の法定後見制度を利用します。

(3)　任意後見契約書が公正証書で作成された後に公証人から登記所への嘱託（依頼）により任意後見契約の登記がなされます。任意後見契約が登記されている場合に保護を受ける本人が認知症その他の精神上の障害により判断能力が不十分な状況になった場合は、家庭裁判所は、本人、配偶者、4親等内の親族（いとこまでの親族）又は任意後見受任者の請求によって任意後見監督人を選任します（任意後見契約に関する法律4条1項）。この選任の請求には、本人以外の者が選任の請求をする場合には、本人の同意が必要ですが、本人が意思表示のできない場合は同意は不要です。

(4)　**任意後見監督人の職務**は、次の通りです（任意後見契約に関する法律7条）。
①　任意後見人（任意後見監督人の選任前の任意後見受任者）の事務を監督すること
②　任意後見人の事務に関し家庭裁判所に定期的に報告をすること
③　急迫の事情がある場合に任意後見人の代理権の範囲内で必要な処分をすること
④　任意後見人と本人との利益が相反する行為（例えば、本人の土地を任意後見人に売却する行為）について本人を代理すること

任意後見監督人は、いつでも、任意家後見人に対し任意後見人の事務の報告を求め、又は任意後見人の事務もしくは本人の財産の状況を調査することができます。

家庭裁判所は、必要があると認めた場合は、任意後見監督人に対し、任意後見人の事務に関する報告を求め、任意後見人の事務や本人の財産の状況の調査を命じ、その他任意後見監督人の職務について必要な処分を命ずることができます。

(5)　民法に規定する**法定後見制度の後見・保佐・補助との関係**については、次の通りとなります（任意後見契約に関する法律10条）。
①　任意後見契約が登記されている場合には、家庭裁判所は、本人の利益

のため特に必要があると認めるときに限り、後見開始・保佐開始・補助開始の各審判をすることができます。これらの審判の請求は、任意後見受任者、任意後見人、任意後見監督人もすることができます。
　② 任意後見監督人が選任された後において本人が後見開始・保佐開始・補助開始の審判を受けた場合は、任意後見契約は終了します。

(6) 任意後見契約は、家庭裁判所によって任意後見監督人が選任された時からその効力が生じることから、任意後見契約とは別に①任意後見契約の効力の発生するまでの間に効力を有する任意後見契約の内容と同様の事務を委任する契約（見守りの委任契約）と、②委任者の死亡後の事務処理（例えば、葬儀や埋葬に関する事務、医療費その他の債務の清算事務）の委任契約を締結する場合があります。この場合には、Q1に述べた通り、任意後見契約書とは別の契約書として作成しても構いませんが、1通の公正証書の契約書とする場合は次の構成をとります。
　第1章　任意後見契約の効力発生前の事務の委任契約（見守りの委任契約）
　第2章　任意後見契約
　第3章　委任者の死亡後の事務の委任契約

(7) 近年、老後に備える人たちでは、上の3つの契約と遺言書、エンディングノートの5点セットで準備する人が増えています。**老後に備える5点セット**は次の通りです。
　① 見守りの委任契約
　② 任意後見契約
　③ 死後の事務処理の委任契約
　④ 遺言書
　⑤ エンディングノート

2　任意後見人の仕事

(1) 任意後見人とは、任意後見契約が登記されている場合に家庭裁判所により任意後見監督人が選任された後の任意後見契約の受任者をいいます。任意後見契約とは、委任者（将来保護を受ける本人）が、受任者（将来の任意後見人）に対し、認知症その他の精神上の障害により判断能力が不十分な状況になった場合の本人の①生活、②療養看護、③財産管理に関する事務について代理権を

第1章　老後の見守り契約と後見の制度は、どのようになっていますか

付与する委任契約をいいます（任意後見契約に関する法律2条1号）。

　(2)　**任意後見人の仕事**の内容は、任意後見人に代理権を付与した任意後見契約（事務処理を委託する委任契約）の内容によって決まりますが、大別すると、①本人の生活、②本人の療養看護、③本人の財産の管理に関する各事務に分けられます。

　　①　**本人の生活に関する事務**としては、例えば、日用品の購入その他の日常生活に関する取引、定期的な地代や家賃の支払いがあります。

　　②　**本人の療養看護に関する事務**としては、例えば、介護保険施設との入所に関する契約、訪問看護事業者との訪問介護の契約、入院治療の医療契約の各契約締結行為があります。

　　③　**本人の財産管理に関する事務**としては、例えば、金融機関の預貯金口座の開設、預金や現金の管理、不動産の売買契約や賃貸借契約の締結があります。

　(3)　任意後見人の資格については特に制限はなく、次の欠格事由に該当する者以外の本人の親族や友人知人のほか、弁護士や行政書士のような法律実務家もなることができます。

　　欠格事由に該当する者は次の通りです（任意後見契約に関する法律4条1項3号）。

　　①　未成年者、家庭裁判所で免ぜられた法定代理人・保佐人・補助人、破産者、行方の知れない者

　　②　本人に対して訴訟をし、又はした者及びその配偶者並びに直系血族

　　③　不正な行為、著しい不行跡その他任意後見人の任務に適しない事由がある者

　(4)　任意後見人は、任意後見人のなすべき事務を行うに当たっては、本人の意思を尊重し、その心身の状態や生活の状況に配慮する必要があります（任意後見契約に関する法律6条）。

3　公正証書による任意後見契約の様式

　(1)　任意後見契約の契約書は法務省令で定める様式の公証人の作成する公正証書によって作成する必要があります（任意後見契約に関する法律3条）。公証

人の作成する任意後見契約公正証書は、契約の当事者である委任者（将来保護を受ける本人）と受任者（将来の任意後見人となる者）が公証人役場に出頭して作成することになりますが、契約内容は、事前に委任者（本人）と受任者（将来の任意後見人）の間で合意しておく必要がありますから、実務上は、公正証書の内容となる「任意後見契約書」を事前に締結しておくのが便利です。

(2) 任意後見制度を利用する場合でも、次の①②③の3類型がありますが、次のAの見守りの委任契約とCの死後の事務の委任契約は、公正証書による必要はありません。

　　　A　見守りの委任契約
　　　B　任意後見契約（公正証書による契約書とする）
　　　C　死後の事務の委任契約
① 即効型（上記Bの契約後、直ちに任意後見監督人の選任の申立をする場合）
② 移行型（上記A＋Bの契約又はA＋B＋Cの契約後、判断能力が不十分になった場合に任意後見監督人の選任の申立をする場合）
③ 将来型（将来のために念のため上記Bの契約をしておく場合）

実務上は、上記②又は③の類型でも、上記のA・B・Cの各契約を1通の契約書として契約する場合もありますが、通常は、A・B・Cを別の契約書とします。

(3) 任意後見契約の公正証書による契約書の「代理権目録」の様式は、法務省令（任意後見契約に関する法律第3条の規定による証書の様式に関する省令）に定める様式によるこことされています。法務省令に定める「代理権目録」の様式には、①代理権を付与する該当項目の□内にレを記入する様式と、②代理権を付与する該当項目のみを連記する様式があります。以下に述べる①の□内にレを記入する様式の「代理権目録」中の甲とは、委任者（保護を受ける本人）を意味します。

代理権目録

A　財産の管理・保存・処分等に関する事項
　A1□　甲に帰属する別紙「財産目録」記載の財産及び本契約締結後に甲に帰属する財産（預貯金B1・B2を除く）並びにその果実の管理・保存

第1章 老後の見守り契約と後見の制度は、どのようになっていますか

　　A2□　上記の財産（増加財産を含む）及びその果実の処分・変更
　　　　　□売却
　　　　　□賃貸借契約の締結・変更・解除
　　　　　□担保権の設定契約の締結・変更・解除
　　　　　□その他（別紙「財産の管理・保存・処分等目録」記載の通り）
　B　金融機関との取引に関する事項
　　B1□　甲に帰属する別紙「預貯金等目録」記載の預貯金に関する取引（預貯金の管理、振込依頼・払戻し、口座の変更・解約等。以下同じ）
　　B2□　預貯金口座の開設及び当該預貯金に関する取引
　　B3□　貸金庫取引
　　B4□　保護預かり取引
　　B5□　金融機関とのその他の取引
　　　　　□当座勘定取引　　□融資取引　　□保証取引　　□担保提供取引
　　　　　□証券取引（国債、公共債、金融債、社債、投資信託等）　□為替取引
　　　　　□信託取引（予定・予想配当率を付した金銭信託・貸付信託を含む）
　　　　　□その他（別紙「金融機関との取引目録」記載の通り）
　　B6□　金融機関とのすべての取引
　C　定期的な収入の受領及び費用の支払いに関する事項
　　C1□　定期的な収入の受領及びこれに関する諸手続
　　　　　□家賃・地代
　　　　　□年金・障害手当金その他の社会保障給付
　　　　　□その他（別紙「定期的な収入の受領等目録」記載の通り）
　　C2□　定期的な支出を要する費用の支払い及びこれに関する諸手続
　　　　　□家賃・地代　　□公共料金　　□保険料　　□ローンの返済金
　　　　　□その他（別紙「定期的な支出を要する費用の支払い等目録」記載の通り）
　D　生活に必要な送金及び物品の購入等に関する事項
　　D1□　生活費の送金
　　D2□　日用品の購入その他日常生活に関する取引
　　D3□　日用品以外の生活に必要な機器・物品の購入
　E　相続に関する事項
　　E1□　遺産分割又は相続の承認・放棄
　　E2□　贈与若しくは遺贈の拒絶又は負担付の贈与若しくは遺贈の受諾
　　E3□　寄与分を定める申立て
　　E4□　遺留分減殺の請求

F 保険に関する事項
　F1□　保険契約の締結・変更・解除
　F2□　保険金の受領
G 証書等の保管及び各種の手続に関する事項
　G1□　次に掲げるものその他これらに準ずるものの保管及び事項処理に必要な範囲内の使用
　　□登記済権利証　　□実印・銀行印・印鑑登録カード
　　□その他（別紙「証書等の保管等目録」記載の通り）
　G2□　株券等の保護預かり取引に関する事項
　G3□　登記の申請
　G4□　供託の申請
　G5□　住民票・戸籍謄抄本・登記事項証明書その他の行政機関の発行する証明書の請求
　G6□　税金の申告・納付
H 介護契約その他の福祉サービス利用契約等に関する事項
　H1□　介護契約（介護保険制度における介護サービスの利用契約、ヘルパー・家事援助者等の派遣契約等を含む）の締結・変更・解除及び費用の支払い
　H2□　要介護認定の申請及び認定に関する承認又は異議申立て
　H3□　介護契約以外の福祉サービスの利用契約の締結・変更・解除及び費用の支払い
　H4□　福祉関係施設への入所に関する契約（有料老人ホームの入所契約等を含む）の締結・変更・解除及び費用の支払い
　H5□　福祉関係の措置（施設入所措置等を含む）の申請及び決定に関する異議申立て
I 住居に関する事項
　I1□　居住用不動産の購入
　I2□　居住用不動産の処分
　I3□　借地契約の締結・変更・解除
　I4□　借家契約の締結・変更・解除
　I5□　住居等の新築・増改築・修繕に関する請負契約の締結・変更・解除
J 医療に関する事項
　J1□　医療契約の締結・変更・解除及び費用の支払い
　J2□　病院への入院に関する契約の締結・変更・解除及び費用の支払い

第1章　老後の見守り契約と後見の制度は、どのようになっていますか

K□　A～J以外のその他の項目
別紙「その他の委任事項目録」記載の通り。
L　以上の各事項に関して生ずる紛争の処理に関する事項
　　L1□　裁判外の和解（示談）
　　L2□　仲裁契約
　　L3□　行政機関等に対する不服申立及びその手続の追行
　　L4・1　任意後見受任者が弁護士である場合における次の事項
　　　L4・1・1□　訴訟行為（訴訟の提起、調停若しくは保全処分の申立又はこれらの手続の追行、応訴等）
　　　L4・1・2□　民事訴訟法第55条第2項の特別授権事項（反訴の提起、訴えの取下げ、裁判上の和解、請求の放棄・認諾、控訴・上告、復代理人の選任等）
　　L4・2□　任意後見受任者が弁護士に対して訴訟行為及び民事訴訟法第55条第2項の特別授権行為について授権すること
　　L5□　紛争の処理に関するその他の事項（別紙「紛争の処理等目録」記載の通り）
M　復代理人・事務代行者に関する事項
　　M1□　復代理人の選任
　　M2□　事務代行者の指定
N　以上の各事項に関連する事項
　　N1□　以上の各事項の処理に必要な費用の支払い
　　N2□　以上の各事項に関連する一切の事項

以上

なお、上記の様式を用いない場合は、次の様式によります。

代理権目録

一　　何何　　（上記の様式に準じて具体的に記載します）
一　　何何
一　　何何
一　　何何

4 任意後見契約の締結の実務

(1) 任意後見契約の契約書は、公証人が公正証書によって作成しますが、委任者（将来保護を受ける本人）と受任者（将来任意後見人となる者）とは契約の内容について公証人役場に出頭する前に合意をしておく必要があります。実務上は、契約書のひな型（見本）を公証人役場に準備していますから、コピーを貰ってよく読んで検討することが大切です。

任意後見契約とともに次のA契約やC契約も同時に契約する場合もありますから、その場合には、これらの契約書も作成しておく必要があります。A契約やC契約の契約書は、公正証書である必要はありませんが、公正証書にしておくことも可能です。

　　A　見守りの委任契約
　　B　任意後見契約（必ず公正証書にする）
　　C　委任者の死亡後の事務の委任契約

(2) **公証人役場に持参する書類**は次の通りですが、公証人役場に事前に電話で確認をしておきます。公証人役場の所在地は、NTTの職業別の電話帳で分かりますから、最寄りの公証人役場が便利です。

　① 委任者（将来保護を受ける本人）の住民票、実印、実印の印鑑証明書、戸籍謄本
　② 受任者（将来の任意後見人）の住民票、実印、実印の印鑑証明書

公証人役場に持参する費用（現金）は次の通りです。

　① 公証人の公正証書作成手数料として11,000円（上記のA契約やC契約を加える場合は、別に各11,000円を追加します）
　② 登記の手数料の収入印紙代として2,600円
　③ 登記嘱託の費用として1,400円
　④ その他、公証人の指定する費用（出張の場合の交通費、契約書枚数の超過分ほか）

(3) 任意後見契約、見守りの委任契約、死後の事務の委任契約のいずれも委任契約ですが、これらの契約で一般的に規定する事項は次の通りです。委任者（本人）を甲とし、受任者を乙と表記します。任意後見契約の契約条項のひな型は、公証人役場で閲覧することができます。

第1章　老後の見守り契約と後見の制度は、どのようになっていますか

① 任意後見契約の委任事務の範囲

上記に述べた法務省令で定める該当項目のチェックによる代理権目録か、個々の委任事項を一覧表形式として代理権目録を作成します。委任契約とは、契約当事者の一方が法律行為（例えば、契約）をすることを相手方に委託し、相手方がこれを承諾することにより効力を生ずる契約をいいますから（民法643条）、法律行為の委託でない事実行為（例えば、食事を作る、掃除や洗濯をする行為）を依頼する場合には、これらの事実行為をする者との見守りの契約（準委任契約といいます）を締結することになります。準委任の契約も委任契約の規定が準用されます（民法656条）。

② 委任事務の処理費用の負担

委任事務を処理するのに必要な費用は委任者が負担します。

③ 受任者が委任事務を処理した報酬額

無償の場合もありますが、有償の場合は、一般に「1か月当たり金〇万円の委任報酬を毎月末日限り支払う」のように規定します。

④ 受任者の任意後見監督人や委任者にする報告の時期や方法

例1　後見監督人に対し3か月ごとに次の事項について書面で報告する。
　　ア　乙の管理する甲の財産の管理状況
　　イ　甲の身上監護につき行った措置
　　ウ　費用の支出と使用状況

例2　乙は、甲に対し、3か月ごとに本件委任事務処理状況を書面で報告する。

⑤ 代理権の範囲や報酬額の変更方法

例1　代理権の範囲を変更する契約は、公正証書によって行う。
例2　報酬額を変更する契約は、公正証書によって行う。

⑥ 委任契約の終了の原因

例1　本件契約は、次の場合に終了する
　　ア　甲又は乙が死亡又は破産したとき
　　イ　乙が後見開始の審判を受けたとき
　　ウ　甲が後見開始、保佐開始又は補助開始の審判を受けたとき

⑦ 委任契約の解約

例1　任意後見監督人の選任前においては、甲又は乙は、いつでも、公証人の認証を受けた書面により本件契約を解約することができる。

例2　任意後見監督人の選任後においては、甲又は乙は、正当な事由がある場合に限り、家庭裁判所の許可を得て本件契約を解約することができる。

⑧　委任契約の当事者の特定

委任者（保護を受ける本人）も受任者（将来の任意後見人）も、氏名、本籍、住所、生年月日の表記によって特定します。

5　任意後見監督人の選任の申立

(1)　家庭裁判所は、任意後見契約が登記されている場合において、認知症のような精神上の障害により本人の判断能力が不十分な状況にある場合には、一定の申立人の請求により任意後見監督人を選任します（任意後見契約に関する法律4条）。申立人の範囲は次の通りで、申立先は保護を受ける本人の住所地の家庭裁判所とされています。本人以外の者が選任の審判の申立をする場合は、本人の同意が必要ですが、本人が意思表示ができない場合は不要です。

【申立人の範囲】
①　保護を受ける本人（任意後見契約の委任者）
②　配偶者（夫又は妻）
③　4親等内の親族（いとこまでの親族）
④　任意後見受任者

(2)　任意後見監督人には、任意後見受任者又は任意後見人の配偶者・直系血族・兄弟姉妹はなることができません（任意後見契約に関する法律5条）。そのほか、本人に対し訴訟をし又はした者やその配偶者・直系血族、破産者、行方不明者のような法定後見人になれない者も任意後見監督人になれません（任意後見契約に関する法律7条4項）。親族以外の弁護士や行政書士のような法律実務家を選任することも可能です。

(3)　任意後見契約は、家庭裁判所により任意後見監督人が選任された時からその契約の効力を生じ、任意後見契約で定めた任意後見人が任意後見監督人の監督の下に契約で定めた特定の法律行為（例えば、契約）を本人に代わって行うことができます。

(4) 選任の審判の申立は、申立人が本人の住所地の家庭裁判所に「任意後見監督人選任申立書」を提出します。申立手数料として800円分の収入印紙と登記手数料として1,400分の収入印紙が必要です。申立書の用紙は、提出先の家庭裁判所で無料で交付されます。**申立書用紙に記入する主な事項**は次の通りです。

　① 申立人の住所、氏名、生年月日、職業、本人との関係（続柄その他）
　② 本人の本籍、住所、氏名、生年月日、職業
　③ 申立の趣旨（「任意後見監督人の選任を求める」と記入します）
　④ 申立の実情（申立の理由、本人の生活状況などを具体的に記入します）
　⑤ 任意後見契約に関する次の事項
　　ア 公正証書を作成した公証人の所属する法務局名
　　イ 公正証書の証書番号
　　ウ 公正証書の作成年月日
　　エ 登記事項証明書に記載された登記番号
　⑥ 任意後見受任者の住所、氏名、生年月日、職業、本人との関係

(5) **任意後見監督人の選任の審判の申立書に添付する書類**は次の通りです。家庭裁判所で申立書の用紙の交付を受ける際に添付書類を確認しておきます。

　① 本人の戸籍謄本
　② 任意後見契約公正証書の写し
　③ 登記事項証明書（本人の成年後見等の登記のないことの証明書）
　④ 医師の診断書
　⑤ 本人の財産目録（財産に関する資料）
　⑥ 任意後見監督人の候補者の住民票

6　任意後見契約の終了

(1) 任意後見契約は一般に次の場合に終了します。
　① 委任者（本人）又は受任者（任意後見人）の死亡や破産の場合
　② 委任者又は受任者が後見開始、保佐開始、補助開始の審判を受けた場合
　③ 受任者が弁護士の場合は弁護士資格の喪失、業務停止のあった場合
　④ 任意後見人の解任の場合

(2)　任意後見人に不正な行為、著しい不行跡その他その任務に適しない事由がある場合は、家庭裁判所は、任意後見監督人、本人、その親族又は検察官の請求により、任意後見人を解任することができます（任意後見契約に関する法律8条）。

(3)　任意後見人の代理権の消滅は、登記をしなければ善意の（その事実を知らない）第三者に対抗（主張）することはできません（任意後見契約に関する法律11条）。

(4)　**任意後見契約の解除**は次の通りとなります（任意後見契約に関する法律9条）。
　①　任意後見監督人の選任前なら、委任者も受任者も、いつでも公証人の認証を受けた書面により契約を解除することができます。
　②　任意後見監督人の選任後には、委任者又は受任者は、正当な事由がある場合に限り、家庭裁判所の許可を得て契約を解除することができます。

第2章
エンディング・ノートと遺言書の書き方は、どのようにするのですか

Q6 エンディング・ノート、事前指定書とは、どんなものですか

A6

1 エンディング・ノートとは

(1) エンディング・ノートとは、万一の場合に備えて、家族に伝えておきたい各種の情報や自分の思い、希望する葬儀の形式、自分史その他の遺言書に書かないことを書き残しておくノートをいいます。遺言書では、法律によって遺言のできる事項が定められていますから、遺言書では家族に伝えておきたい情報や自分の思いを家族に伝えることができないので、エンディング・ノートが必要になるのです。

(2) 人間はいつ死を迎えるか分かりませんし、いつ認知症になって判断能力を失うかも分かりません。このような場合に備えて、家族に必要な情報が伝わるようにしておかないと、万一の場合に家族が大変困ることになります。例えば、預金その他の財産を夫が管理していた場合に、夫が急死すると、葬儀の費用さえ困ることになります。世間には、故人しか知らないことを家族に伝わるようにしていなかったために困った事例が多く存在するのです。

(3) 近年、老後に備える人たちは、次の「**老後に備える安心の5点セット**」で、将来、認知症になったような場合に備えようとしています。

第2章　エンディングノートと遺言書の書き方は、どのようにするのですか

> ①　任意後見契約の効力発生前の事務処理の委任契約（見守り契約）
> ②　任意後見契約（任意後見契約に関する法律に基づく契約）
> ③　死後の事務処理の委任契約
> ④　遺言書の作成
> ⑤　**エンディング・ノート、事前指定書の作成**

　上の①と③は一般の委任契約で、②は任意後見契約に関する法律に基づく委任契約です。

　②の任意後見契約は、保護を受ける本人の判断能力が不十分になった場合に家庭裁判所に対して配偶者、4親等内の親族その他の申立人の請求により任意後見監督人が選任された時から効力が生じますから、その前の段階での①の見守りの契約を締結するのです。また、本人の死後の葬儀に関する事務処理や債務の弁済その他の死後に発生する事務を処理するために③の死後の事務処理の委任契約を締結するのです。これらの①②③の委任契約は、一般に1通の契約書にして公証人による公正証書にしておきます。

　相続財産に関しては、法律的に有効な遺言書を作成しておくことは必須のことですし、遺言書に書けない事項については、エンディング・ノートに書いておくことが大切です。

　(4)　エンディング・ノートは、いつでも見直して書き換えておくことも大切です。エンディング・ノートを書く際には、家族と話し合うとともに、家族にも見せて保管場所を明らかにしておくことが肝要です。必要により書き換えることを前提にしますから、できればパソコンやワープロを使用しますが、使用できない場合は、ルーズリーフ式のノートを使用して必要なページのみを書き換えます。遺言書のような厳格な書き方は必要ありませんが、作成の都度、作成年月日を記載し、自分の氏名を署名して押印をします。

2　エンディング・ノートの作り方

　(1)　エンディング・ノートの作り方には決まりはありませんから、家族に伝えておきたい各種の情報や自分の思いをなるべく詳しく書いておくことが大切です。遺影として使ってもらいたい写真がある場合は、その写真もエンディング・ノートに付けておきます。必要により書き換えることを前提として作成し

Q6 エンディング・ノート、事前指定書とは、どんなものですか

ますから、最初から完璧なものを作成する必要はありません。

(2) エンディング・ノートの書き方は自由ですが、次のように内容を5つに区分して記載すると読みやすくなります。必要と思う項目について、分かる範囲で作成しておいて、後日、追加又は変更をするようにします。少なくとも毎年1回は見直す必要があります。

━━━━━ エンディング・ノート ━━━━━

第1部　経歴・親族関係

① 自分の氏名、生年月日、誕生地、本籍、現住所、血液型
② 家族の氏名、生年月日、続柄、本籍、現住所、職業、血液型、電話番号
③ 3親等内の親族（曾祖父母、曾孫までの親族）の氏名と続柄
④ 死亡している家族の氏名、続柄、死亡年月日
⑤ 自分の主な経歴
　ア　幼稚園・小学校・中学校・高校・大学等の名称、入学・卒業年月
　イ　勤務した会社名・団体名、入社・退職年月、役職名
　ウ　自営業の場合の業務内容、店名、事務所名、創業・廃業年月
　エ　結婚した年月日
　オ　資格の名称、加入団体名と連絡先（死亡時の退会その他の手続方法）
⑥ 自分の趣味、特技、好きな食べ物、好きな花、好きな歌、好きな言葉
⑦ 継続中の民事訴訟の事件番号と死後の処理方法
⑧ 夫婦その他の家族や友人との懐かしい思い出
⑨ 家族（配偶者、子、兄弟姉妹その他）や大切な人へのメッセージ
⑩ 遺言書の有無（有る場合は保管場所）
⑪ 任意後見契約書の有無（有る場合は保管場所）
⑫ 代理を必要とする場合のための事務処理の委任契約書（見守りの委任契約書）の有無（有る場合は保管場所）
⑬ 死後の事務処理の委任契約書の有無（有る場合は保管場所）
⑭ 自動車運転免許証その他の免許証の保管場所
⑮ 自分史年表（誕生から現在までの年号・年齢・出来事の一覧表）
⑯ 家系図又は親族関係図

第２章　エンディングノートと遺言書の書き方は、どのようにするのですか

第２部　財産・相続関係

① 土地の所在場所、地番、地目、地積（土地登記簿の通りに記載する）
② 建物の所在場所、家屋番号、種類、各階床面積（建物登記簿の通りに記載する）
③ 預貯金のある金融機関名・支店名・電話番号、預金種別、口座名義・口座番号、各金額、預金通帳・取引印・カードの保管場所、暗証番号、現金の保管場所
④ 株式の銘柄、証券会社名・支店名・電話番号、取引印・書類保管場所
⑤ 貸付信託の会社名・支店名・電話番号、取引印・書類保管場所
⑥ 生命保険・医療保険・個人年金保険の会社名・支店名・電話番号、保険の種類、保険金額、契約書類の保管場所、保険金請求手続
⑦ 火災保険・地震保険・自動車保険その他の損害保険の会社名・支店名・電話番号、保険の種類、保険金額、契約書類の保管場所、解約手続
⑧ クレジットカードの会社名・支店名・電話番号、種類、カード保管場所
⑨ 土地と建物の権利証（登記所での登記済証）の保管場所
⑩ 貴金属、宝石、絵画、彫刻その他の美術品の品目と保管場所
⑪ ゴルフ会員権の契約会社名・電話番号、契約書類の保管場所
⑫ 国債その他の有価証券の種類、名称、金額、金融機関名・電話番号、関係書類の保管場所
⑬ 貸金庫、トランクルームの金融機関名・会社名・支店名・電話番号、所在場所
⑭ 住宅ローンその他の金銭借用証の保管場所、全債務の明細書
⑮ 貸金その他の全債権の明細書、契約書類保管場所
⑯ 受給中又は受給前の公的年金・企業年金その他の年金の種類、年金手帳・年金証書の保管場所、振込金融機関名、受給者の死亡時の手続、連絡先の電話番号
⑰ 葬祭互助会に加入している場合の契約書類の保管場所、連絡先の電話番号
⑱ 特許権、実用新案権、意匠権、商標権、著作権その他の知的財産権の種類、権利を有することを証する書類の保管場所
⑲ 携帯電話やＥメールの契約先の名称、電話番号、解約方法

⑳　自動車、農業機械その他の主な動産の明細とその所在場所

第3部　医療・看護・介護
①　現在の持病の病名、発病年月、病院名・電話番号、主治医名、現在の自覚症状
②　常用薬の薬名、病院名、薬局名、電話番号
③　過去にかかった主な病気の病名、発病年月、病院名・電話番号、担当医名
④　過去にした主な手術の病名、発病年月、病院名・電話番号、担当医名
⑤　入院時の希望する病院名・住所・電話番号
⑥　介護必要時の希望する介護保険施設・住所・電話番号、希望する事項
⑦　入院・介護施設の入所等の費用負担の処理方法（自分の預金・年金その他）
⑧　薬や食品に対するアレルギーの有無と有る場合の内容・症状・対処法
⑨　健康保険の種類、保険者、保険証の記号・番号・保管場所
⑩　介護保険の保険者、保険証の番号・保管場所、自治体の介護保険担当課
⑪　病名や余命の告知の希望
⑫　延命治療、延命措置についての希望
⑬　終末期をすごす場所の希望
⑭　尊厳死の宣告書の登録の有無（有る場合の保管場所）
⑮　臓器提供、献体の希望の有無（臓器提供意思表示カードや献体登録の有無）
　　（医療等について後述の「事前指定書」を作成しておく場合もあります）

第4部　住所録　（死亡に関して何らかの連絡の必要な場合）
①　連絡の必要な親族の氏名、住所、続柄、電話番号、勤務先・職業
②　連絡の必要な友人・知人の氏名、住所、電話番号、勤務先、職業
③　連絡の必要な会社・団体の名称、住所、電話番号、自分との関係

第5部　葬儀・墓・遺品整理
①　葬儀の際の宗教、宗派、寺院（檀那寺など）の名称、所在場所、電話

第2章　エンディングノートと遺言書の書き方は、どのようにするのですか

　　　番号
　　② 住職などの氏名、住所、電話番号
　　③ 菩提寺（先祖の位牌や墓のある寺）その他の場所の墓の有無
　　　ア　墓がある場合は、所在場所と地図
　　　イ　墓がない場合は、埋葬についての希望
　　④ 葬儀の規模（家族葬・市民葬その他）についての希望
　　⑤ 希望する葬儀社の名称、住所、電話番号、生前予約の有無
　　⑥ 葬儀の式場（自宅、斎場その他）・祭壇・遺影写真についての希望
　　⑦ 葬儀の喪主や世話役、香典返しについての希望
　　⑧ 先祖の位牌、仏壇、墓その他の祭祀財産の承継を希望する者の氏名
　　⑨ エバーミング（遺体の消毒、洗浄、化粧等）についての希望
　　⑩ 死亡時に必ず連絡してほしい人の氏名・住所・電話番号・関係
　　⑪ 納骨・埋葬についての希望（菩提寺の墓、散骨、共同墓、樹木葬、永代供養墓）
　　⑫ 戒名・法名についての希望（既に受戒している場合は保管場所）
　　⑬ 副葬品、納棺時の装束についての希望
　　⑭ 法要（四十九日法要その他）や供養についての希望
　　⑮ 遺品の分け方の希望（遺言書のない場合や遺言書を補充する場合）
　　⑯ 携帯電話やパソコンのデータ処理と処分
　　⑰ 犬、猫その他のペットの処置
　　⑱ 本、写真、日記の処分方法
　　⑲ 葬儀費用・法要費用の準備状況（自分の預金その他）
　　⑳ 葬祭互助会の加入の有無

3　事前指定書とは

（1）事前指定書とは、エンディング・ノートと同じ趣旨の書面で、重篤な傷病によって意思表示ができなくなった場合に備えて、事前に治療方針その他について指定しておく書面をいいます。エンディング・ノートの一部として指定しておくことも可能ですが、特に重篤な傷病によって本人の意思表示が不可能となった場合に備えて、本人の意思を代って伝える者も指定しておくものです。

Q6 エンディング・ノート、事前指定書とは、どんなものですか

(2) 事前指定書の書き方は決まっていませんが、いままでに公表された事前指定書の主な例として次例のようなものがあります。これらの記載例を参考にしてエンディング・ノートとは別にして自分にあった事前指定書を作成する場合もあります。

① 平成5年からLED（Let Me Decide 私に決めさせて）運動を始めた金重哲三氏の著書「それでも救急車を呼びますか 逝き方は生き方」（平成13年、エピック刊）の事前指定書の記入用紙の主な内容は、次のようになっています。この記入用紙では、該当事項の□内にチェックすることとしています。

ア　この事前指定書は、私が意識を失い、自分の意思を伝えられず、あるいは、自分で治療やケアについての選択ができなくなった時、私が望む治療やケアについてあらかじめその希望を明らかにした文書です。
　　また、代理人が私に代って、私の治療やケアに関わる決定を、この文書の内容に沿って行えるよう権限を代理人に委託することを証明する文書です。
□代理人は、この文書の中で私が表明した意思に沿って、私にとって最善の利益となるように行動する義務があります。
□私が自分で治療やケアの選択のできる間は、この文書は有効になりません。
□この文書は、私がこの文書を修正するか、無効にするまで有効です。
　イ　作成した事前指定書の保管場所
　ウ　作成した事前指定書のコピーを渡した人の住所、氏名、電話番号
　エ　自分の意思を伝えられなくなった時の治療やケアについての希望

　　A　状況1　急に倒れ、意識を失い、自分の意思を伝えられなくなった時
□救急車を呼ばない
□救急車を呼ぶ
□してほしくない治療がある（チェックした治療は行わないでください）。
　　□気管内挿管、□経鼻栄養、□血管カテーテル検査、□内視鏡検査、
　　□心臓マッサージ、□胃瘻造設、□尿道カテーテル、□血液浄化、
　　□徐細動、□太い静脈からの全身栄養補給、□抗生物質、□血液検査、
　　□手術、□昇圧剤、□輸血
□ER、ICUでできる限りの治療を希望する

47

第２章　エンディングノートと遺言書の書き方は、どのようにするのですか

　　　B　状況２　病気・ケガなどの後遺症や痴呆のため、意思を伝えられ
　　　　　　　　ない状態が続くなかで、医療の介入が必要になった時
□救急車を呼ばない
□救急車を呼ぶ
□してほしくない治療がある（チェックした治療は行わないでください）。
　　□気管内挿管、□経鼻栄養、□血管カテーテル検査、□内視鏡検査、
　　□心臓マッサージ、□胃瘻造設、□尿道カテーテル、□血液浄化、□徐細動、
　　□太い静脈からの全身栄養補給、□抗生物質、□血液検査、□手術、□昇圧剤、
　　□輸血
□ER、ICUでできる限りの治療を希望する
　　オ　特別な希望　　以下の項目について、私が特に希望することを記します。
　　　　　　　　　　　どうか希望に沿った治療やケアを提供してください。
　　　A　医療についての考え
　　　B　一般的な治療方法について希望すること、あるいは望まないこと
　　　C　死にかけている状況での医療やケアについての考え、希望すること、
　　　　 あるいは望まないこと
　　　D　永遠に意識をなくした状態が続くと想定される場合の、医療やケアに
　　　　 ついて、希望すること、あるいは望まないこと
　　　E　自立がまったく無理で、ケアを他人に完全に依存する状態の場合の、
　　　　 医療やケアについて、希望すること、あるいは望まないこと
　　　F　痛みをとることについての見解
　　　G　治療やケアの場所についての特別な希望
　　　H　食べられなくなったときの希望
　　　I　宗教上、思想上、個人的に重要と思っている価値観などについて
　　　J　臓器提供
　　カ　本人と代理人の署名

②　中村仁一氏の著書『大往生したけりゃ医療とかかわるな　〜「自然死」
　のすすめ』（平成24年、幻冬舎新書）の「事前指示」その１（201頁）、その
　２（206頁）の主な内容は、次のようになっています。原文は縦書きにして
　います。

Q6 エンディング・ノート、事前指定書とは、どんなものですか

ア 「事前指示」その1

「医療死」より「自然死」が好みのため、意識不明や正常な判断力が失われた場合、左記を希望する（ぼけた時は、ぼけきる直前に「断食死」を敢行するつもりだが、タイミングをはずす場合も考慮して）。

― できる限り救急車は呼ばないこと
― 脳の実質に損傷ありと予想される場合は、開頭手術は辞退すること
― 原因のいかんを問わず一度心臓が停止すれば蘇生術を施さないこと
― 人工透析はしないこと
― 経口摂取が不能になれば寿命が尽きたと考え、経管栄養、中心静脈栄養、末梢静脈輸液は行わないこと
― 不幸にも人工呼吸器が装着された場合、改善の見込みがなければその時点で取り外して差し支えないこと

（末尾に作成年月日と署名）

イ 「事前指示」その2

死後について左記を希望する。

― 使い古しの臓器は提供しない
― 葬儀式は簡潔に家族だけで、遠方の者には連絡せずとも良し、葬儀会館使用も可
― 読経、死後戒名は不要
― 告別式不要、供花、香典は辞退すること
― 死体処理は完全に灰にするか、凍結乾燥粉砕で肥料にせよ（もし、偲ぶよすがが欲しければ、髪の毛か下の毛を刈り取るべし）
― 年忌法要、墓石詣りは不要（但し、死体処理が希望通りにならず、骨が残れば、年忌法要行うも苦しからず、墓石詣りも勝手たるべし）

（末尾に作成年月日と署名）

(3) 事前指定書は、民法に規定する遺言書のような法的な効力はありませんが、正常な判断力のある時点で作成して家族その他の関係者に渡して理解を得ておくと問題が発生することはありません。ただ、いったん、延命治療（人工呼吸器の装着、経管栄養補給その他）を開始した場合には、たとえ、植物状態になっていても延命治療を中止することは困難になります。また、救急車で搬送

第2章　エンディングノートと遺言書の書き方は、どのようにするのですか

された場合には、医師は最善と思う治療行為を行いますから、事前指定書が役立たない場合もあります。

　(4)　事前指定書の指定内容の実施が刑法の①保護責任者遺棄罪（刑法218条）、②保護責任者遺棄致死傷罪（刑法219条）、③嘱託・承諾殺人罪（刑法202条）の犯罪行為の要件に抵触する場合には問題となります。

　①　**保護責任者遺棄罪**は、老年者、幼年者、身体障害者又は病者を保護する責任のある者が、これらの者を遺棄し、又はその生存に必要な保護をしなかった場合は、3か月以上5年以下の懲役に処するとしています（刑法218条）。この場合の「保護する責任」とは、生命や身体の安全を保護すべき法律上の義務をいいます。保護義務の根拠は、法律の規定によると、契約によると、慣習や条理によるとを問いません。保護責任者の例としては、夫婦の間、親子の間、養子と養父母の間、医師と患者の間、看護師と患者の間があります。本条の行為は、「遺棄し」又は「その生存に必要な保護をしなかった」ことですが、この場合の「遺棄」とは、危険な場所に移転させることのほか、不作為（必要な行為をしないこと）も含まれます。「生存に必要な保護をしない」とは、保護を必要とする者に対して保護責任を尽くさないことをいいます。例えば、病人に必要な食事を与えない場合があります。

　②　**保護責任者遺棄致死傷罪**は、上記の保護責任者遺棄罪や単純遺棄罪を犯して、よって人を死傷させた者は、傷害の罪（刑法27章）と比較して、重い刑により処断するとしています（刑法219条）。「重い刑により処断する」とは、その法定刑（法律に規定する刑）を比較して、上限・下限のいずれについても重い刑により処断することを意味します。保護責任者遺棄罪の法定刑は「3か月以上5年以下の懲役」であり、傷害罪の法定刑は「1か月以上15年以下の懲役又は1万円以上50万円以下の罰金」、傷害致死罪の法定刑は「3年以上20年以下の懲役」とされていますから、各法定刑を比較してその上限と下限のいずれも重い刑に従って処断されます。従って、保護責任者遺棄致傷の場合には「3か月以上15年以下の懲役」、保護責任者遺棄致死の場合は「3年以上20年以下の懲役」となります。

　③　**嘱託殺人罪・承諾殺人罪**は、人をその嘱託を受け又はその承諾を得て殺した者は、6か月以上7年以下の懲役又は禁錮に処するとしています（刑

法202条後段)。例えば、苦痛の激しい病人からの嘱託（依頼）を受け又はその病人の承諾を得て殺した場合です。嘱託殺人・承諾殺人の要件は、(a)殺された者自身が嘱託又は承諾をしたこと、(b)殺された者が判断能力を有し自由かつ真摯な意思によること、(c)明示的になされたこと、(d)これらの要件が実行行為時に存在することとされています。これらの要件を満たさない場合には殺人罪（刑法199条）とされる場合があります。

保護責任者遺棄致死罪と殺人罪の区別については、例えば、夫が重病の妻に必要な食事を与えず餓死させた場合は、不作為による殺人罪が成立しますが、降雪中に交通事故を起こした者が、その重傷の被害者を救助せずに、遠くに運んで降雪中の道路に放置して死亡させた場合は保護責任者遺棄致死罪が成立します。

(5) 死期が差し迫っている患者の耐えがたい肉体的苦痛を除去して死期を早める措置を取り安らかな死を迎えさせることを「安楽死」といいますが、安楽死が許されるかどうかについて議論がなされています。

裁判例「**名古屋高等裁判所昭和37年12月22日判決**」では、**適法な安楽死の要件**として次の6つを挙げています。
① 病者が現代医学の知識と技術から見て不治の病に冒され、しかもその死が目前に迫っていること
② 病者の苦痛が甚だしく、何人も真にこれを見るに忍びない程度のものであること
③ もっぱら病者の死苦緩和の目的でなされたこと
④ 病者の意識が明瞭であって意思を表明できる場合には、本人の真摯な嘱託又は承諾があること
⑤ 原則として医師の手によることが必要であるが、これにより得ない場合にはそのことを肯定し得る特別の事情があること
⑥ その方法が倫理的にも妥当なものと認められること

別の裁判例「**横浜地方裁判所平成7年3月28日判決**」では、上記の名古屋高等裁判所判決と異なり**適法な安楽死の要件**として次の4つを挙げています。
① 患者が耐えがたい肉体的苦痛に苦しんでいること
② 患者の死が避けられず、その死期が迫っていること

第 2 章　エンディングノートと遺言書の書き方は、どのようにするのですか

　　③　患者の肉体的苦痛を除去・緩和するために方法を尽くし、他に医療上の代替手段がないこと
　　④　生命の短縮を承諾する患者の明示の意思表示があること

(6)　不治の病に侵された患者が回復の見込みがなく、治療を続けても迫っている死を避けられない場合に延命治療を中止して人間としての尊厳を保って死を迎えさせることを「尊厳死」といっています。上記の裁判例「**横浜地方裁判所平成 7 年 3 月 28 日判決**」では、次の理由によって**適法な尊厳死が許される場合**があるとしています。
　　①　患者は、意味のない治療を打ち切り人間としての尊厳を保った自然な死を迎えることを選択する権利（患者の自己決定権）を有していること
　　②　医師には意味のない治療行為を行う義務はないこと

以上の理由により上記の裁判例は次の 3 要件を満たした場合には**尊厳死が許される**としています。

> ①　患者が不治の病に侵され**回復の見込みがなく死が避けられない末期状態にある**こと
> ②　治療行為の中止を行う時点で、それを求める**患者の意思表示が存在する**こと（ただ、患者の明確な意思表示がない場合には事前に表明された意思表示によるが、それも存在しない場合には患者のことを正確に分かっている家族の意思から患者の意思を推定することが許される）
> ③　治療措置の中止が死期の切迫、死期への影響の程度などの観点から**医学的に適正なものである**こと

ただ、安楽死や尊厳死についての確立した判例はなく、厚生労働省では、議論の「たたき台」を公表しています。

(7)　「高齢者の終末期の医療およびケア」について、日本老年医学会は 2012 年 1 月に「立場表明 2012」を公表しています。全文はインターネットの「日本老年医学会」で検索可能です。この立場表明の中でも患者の意思をより明確に把握するために「事前指示書」の導入を検討すべきであるとしています。この立場表明の主な内容の要点は次の通りです。

Q6 エンディング・ノート、事前指定書とは、どんなものですか

【高齢者の終末期の医療およびケアの立場表明】（日本老年医学会 2012）

① 「立場表明2012」では、「すべての人は、人生の最終局面である「死」を迎える際に、個々の価値観や思想・信条・信仰を十分に尊重した「最善の医療およびケア」を受ける権利を有する」としています。

② すべての人にとって「最善の医療およびケア」を受ける権利は基本的人権の一つである。胃瘻造設を含む経管栄養や気道切開、人工呼吸器装着などの適応は慎重に検討されるべきである。すなわち、何らかの治療が、患者本人の尊厳を損なったり苦痛を増大させたりする可能性があるときには、治療の差し控えや治療からの撤退も選択肢として考慮する必要がある。

③ 高齢者の終末期の医療およびケアは、わが国特有の家族観や倫理観に十分配慮しつつ、患者個々の死生観、価値観および思想・信条・信仰を十分に尊重して行わなければならない。患者の意思をより明確にするために事前指示書などの導入も検討すべきである。

④ 終末期患者に最善の医療およびケアを提供するために医療・介護・福祉従事者などの終末期の医療およびケアに携わる者は、死の教育ならびに終末期医療およびケアについての実践的な教育を受けるべきである。

⑤ 高齢者のあらゆる終末期において緩和医療およびケアの技術がひろく用いられるべきである。

第 2 章　エンディングノートと遺言書の書き方は、どのようにするのですか

Q7 遺言の仕方には、どんな種類がありますか

A7

1　遺言の方式の種類

（1）　エンディング・ノートの目的は、万一の場合に備えて、家族に伝えておきたい情報や自分の希望を家族に伝える目的で作成しますが、遺産をどのように相続させるかについては法的な効力がありませんので、本書で述べる次の「**老後に備える安心の5点セット**」の一つである遺言書の作成は、安心な老後に備えるには必須のことといえます。

> ①　老後に備えた事務処理の委任契約（見守りの委任契約）
> ②　任意後見契約（任意後見契約に関する法律に基づく契約）
> ③　死後の事務処理の委任契約
> ④　**遺言書の作成**
> ⑤　エンディング・ノートの作成

（2）　遺言の方式（やり方）として次の7つの方式が民法に規定されていますが、遺言は民法に規定する7つの方式のいずれかの方式に従っていない場合は無効となります（民法960条）。遺言書は遺言者の死後に効力を発生するもので、遺言者の意思確認が不可能ですから、厳格な方式（作成方法）を規定しているのです。遺言は満15歳以上の者なら誰でも自由にすることができます（民法961条）。遺言書としての法的効力のない書面は、単なる遺書の扱いとなります。

【有効な遺言の方式】
　①　自筆証書遺言
　②　公正証書遺言
　③　秘密証書遺言
　④　死亡の危急に迫った者の遺言（危急時遺言）
　⑤　船舶遭難者の遺言（危急時遺言）

⑥　伝染病隔離者の遺言（隔絶地遺言）
⑦　在船者の遺言（隔絶地遺言）

(3)　遺言の方式は、大別すると、(a)**普通の方式**（上の①②③の3つ）と、(b)**特別の方式**（上の④⑤⑥⑦の4つ）に分けられますが、特別の方式は、普通の方式によることが不可能な場合や困難な場合に例外的に認められるものです。

(b)特別の方式は、死亡の危急に迫っている場合とか隔離された地にいる場合のような特別の事情がある場合に限って例外的に簡易な方式が認められるものですから、遺言者が(a)普通の方式によって遺言ができるようになった時から6か月間生存する場合には、(b)特別の方式による遺言は効力を失います（民法983条）。

結局、老後の安心のために作成する遺言書は、(a)普通の方式の中の①自筆証書遺言か、②公正証書遺言がほとんどで、③秘密証書遺言は少数しかありません。最も簡単に作成することができるのは自筆証書遺言です。

(4)　**遺言書がない場合の相続人の相続分**（遺産の分け前の割合）は民法の規定によって決まりますが（Q17参照）、具体的な遺産の分割については、どの遺産を誰が相続するのかを相続人全員の協議によって決めることになります。

しかし、遺産の種類が土地、建物、現金、預金、株式、国債、宝石、絵画・彫刻などの美術品、特許権・著作権などの知的財産権のように多種類にわたる場合は、相続人の協議が調わない場合も多いので、遺言書で相続人ごとに遺産を特定しておくことが大切です。

遺言書ですべての遺産について相続人を特定することが困難な場合に備えて、遺言書で遺言執行者（遺言の内容を実現するのに必要な一切の権利義務を有する者）を指定しておくことも大切です。

相続人間での協議ができない場合や協議が調わない場合は、最終的には家庭裁判所での家事調停や調停不成立の場合の家事審判の手続によって遺産を分割することになります。遺産分割の調停の申立をする家庭裁判所は、相手方の住所地の家庭裁判所となりますから、遠隔地の家庭裁判所の場合には調停期日の出頭も困難となり、解決までに何年も時間がかかることもありますから、こうした手間をかけないためにも遺言書を作成しておくことは必須のことといえます。

遺言書の作成が特に必要な場合としては、Q9の3の場合があります。

第2章　エンディングノートと遺言書の書き方は、どのようにするのですか

2　自筆証書遺言、公正証書遺言、秘密証書遺言の特徴

(1)　**自筆証書による遺言書の長所**は、次の通りです。
　①　作り方（方式）が簡単で、費用もかからない。
　②　遺言をした事実も、遺言の内容も、秘密にしておくことができる。
　③　証人や立会人も、不要である。
　④　いつでも、どこでも、自由に作成することができる。

(2)　**自筆証書による遺言書の短所**は、次の通りです。
　①　作り方（方式）を誤った場合は、無効となる。
　②　保管に不備があると偽造・変造・隠匿の危険性がある。
　③　遺言書の保管者は家庭裁判所の検認を受ける必要がある。
　④　文字の書けない者は作成することができない。

(3)　**公正証書による遺言書の長所**は、次の通りです。
　①　文字のかけない者でも遺言をすることができる。
　②　公証人が作成するので無効となることはほとんどない。
　③　原本が公証人役場に保存されるので、謄本の交付が受けられる。
　④　家庭裁判所の検認が不要である。

(4)　**公正証書による遺言書の短所**は、次の通りです。
　①　公証人の手数料として多額の費用が必要となる。
　②　公証人役場に出頭する必要があり準備する書類が煩雑である。
　③　証人2人以上の立会が必要になる。
　④　遺言の存在や内容が公証人や証人に知られる。

(5)　**秘密証書による遺言書の長所**は、次の通りです。
　①　遺言の存在を明確にし、遺言の内容を秘密にできる。
　②　遺言書に署名と押印ができれば、他人に書いてもらうことができる。
　③　封印がなされているから、偽造・変造の危険がない。

(6)　**秘密証書による遺言書の短所**は、次の通りです。
　①　公証人の手数料が必要になる。
　②　公証人役場に出頭する必要があり、証人2人以上の立会が必要である。

③　遺言内容が不明の場合には紛争が起こる場合がある。
④　家庭裁判所の検認の手続が必要である。
⑤　公証人役場に遺言書が保存されないので、紛失のおそれがある。

3　遺言の7方式の要件

(1)　**自筆証書遺言**とは、遺言者が、①遺言書の全文、②作成日付、③氏名を自書（自分で書くこと）し、④押印することによって成立する遺言をいいます（民法968条）。

(2)　**公正証書遺言**とは、遺言者が証人2人以上の立ち合いで公証人に遺言内容を口述し遺言書を公正証書として作成する遺言をいいます（民法969条）。

(3)　**秘密証書遺言**とは、遺言者が遺言書に署名押印し封筒に入れて封印のうえ公証人と証人2人以上の前に提出して封紙に公証人が日付と遺言者の申述（自分の遺言書である旨と遺言書を書いた者の住所氏名）を記載した後、遺言者と証人が署名押印することにより成立する遺言をいいます（民法970条）。

(4)　**死亡の危急に迫った者の遺言**とは、病気その他の理由によって死亡の危急に迫った者が証人3人以上の立ち会いを得て、その1人に遺言内容を口述し筆記してもらう方法により作成する遺言をいいます。各証人の署名と押印が必要です（民法976条）。

(5)　**船舶遭難者の遺言**とは、遭難船舶中に在って死亡の危急に迫った者が証人2人以上の立ち会いを得て、その1人に遺言内容を口述し筆記してもらう方法により作成する遺言をいいます。各証人の署名と押印が必要です（民法979条）。

(6)　**伝染病隔離者の遺言**とは、伝染病のため行政処分によって交通を断たれた場所に在る者が警察官1人と証人1人以上の立ち会いを得て作成する遺言をいいます。遺言者・筆記者・立会人・証人の各署名・押印が必要です（民法977条）。

(7)　**在船者の遺言**とは、船舶中に在る者が船長または事務員1人と証人2人以上の立ち会いを得て作成する遺言をいいます。遺言者・筆記者・立会人・証人の各署名・押印が必要です（民法978条）。

4　遺言の法律的性質

① 遺言は、民法に規定する上記の厳格な7方式に従わなければ無効となります。
② 遺言は、相手方のない単独行為（一方的な意思表示だけで法律効果が発生する行為）とされていますから、契約のような相手方の承諾は必要ありません。
③ 遺言は、遺言者本人の真意に基づくことが必要ですから、法定代理人（親権者や成年後見人など）、保佐人、補助人の同意は不要です。
④ 遺言は、遺言者が、いつでも、何らの理由がなくても、撤回したり変更したりすることができます。
⑤ 遺言は、法律に定められた事項に限って効力を生じます。
⑥ 遺言のできる年齢は、満15歳以上とされており、代理人による遺言はできません。
⑦ 成年被後見人、被保佐人、被補助人、未成年者のように行為能力（単独で有効な契約のような法律行為のできる能力）を制限されている者も、遺言については行為能力の制限はありません。ただ、成年被後見人の場合は医師の立ち合いが必要です。
⑧ 遺言は、2人以上の者（例えば、夫婦）が同一の遺言書で共同して遺言をすることはできません。遺言撤回の自由や遺言の自由を制約することになるからです。

5　遺言内容の撤回

(1) 自筆証書、公正証書、秘密証書のどの遺言の方式で作成した場合でも、後日、その遺言内容を撤回する場合には、別の新しい遺言書によって撤回することができます（民法1022条）。この場合の新しい遺言書は、どの遺言の方式の遺言書でもかまいません。例えば、公正証書による遺言内容を自筆証書による遺言で撤回することもできます。

(2) 自筆証書、公正証書、秘密証書のどの遺言の方式で作成した場合でも、後日、一定の事実（次の①や②の事実）があった場合には、遺言者の真意を問わず、**遺言の撤回**があったものとみなされます。

Q7 遺言の仕方には、どんな種類がありますか

① 前の遺言が後の遺言と抵触する場合は、その抵触する部分については、後の遺言で前の遺言を撤回したものとみなします。遺言が遺言後の生前処分その他の法律行為（契約）と抵触する場合も同様です（民法1023条）。
② 遺言者が故意に遺言書を破棄した場合は、その破棄した部分については遺言を撤回したものとみなします。遺言者が故意に遺贈の目的物を破棄した場合も同様です（民法1024条）。

(3) 撤回された遺言は、その撤回の行為が、撤回され又は取り消された場合でも、その効力は回復しません。撤回の撤回は許されないのです。ただ、撤回の行為が詐欺又は脅迫を理由に取り消された場合には、前の遺言は復活します（民法1025条）。

第2章　エンディングノートと遺言書の書き方は、どのようにするのですか

Q8
遺言のできる事項には制約がありますか

A8

1　遺言のできる事項の制約

(1)　遺言は、民法に定められた事項に限ってすることができます。民法に定められ事項以外の事項（例えば、葬儀の方法）について遺言をしても法的な効力は生じません。民法によって遺言ができるとされている事項（遺言事項）は、①遺言によってのみすることのできる事項と、②遺言によっても生前の行為によってもすることのできる事項とに分けることができます。

(2)　遺言事項以外の事項について遺言をしても法的拘束力は生じませんが、遺言書に記載できないものではなく、例えば、葬式での香典は辞退するようにという遺言をしたり、兄弟姉妹が仲良くするようにという遺言、家業の経営方針や家訓を記載した遺言は、遺言者の最終の意思として道徳的意味をもつに過ぎないものといえます。遺言事項以外については、なるべくエンディング・ノートに記載するようにします。

2　遺言によってのみすることのできる事項

遺言によってのみすることのできる事項（生前の行為ではできない事項）は、次の通りです。これらの事項の詳細は、第3章（相続の仕組み）で説明します。

① 　相続分の指定とその指定の第三者への委託（民法902条）

　被相続人（相続される者）は、遺言で、相続人の相続分（分け前の割合）を定め、又は相続分を定めることを第三者に委託することができます。相続分の指定は遺留分（被相続人の兄弟姉妹以外の相続人のために法律上確保される最低限度の分け前の割合）の規定に反することはできませんが、遺留分の規定に反する遺言が無効になるのではなく、遺留分を侵害された者が侵害を受けた限度で他の相続分の減殺（減らすこと）を請求することができるだけです（民法1028条・1031条）。例えば、相続人に子ABCの3人がいる場合に、遺

言書で全財産をAに相続させるとした場合は、BとCは、自分の遺留分を侵害されますから、遺留分の減殺請求をすることができますので、遺留分の規定に反しない遺言書にしておくことが大切です（Q17の4参照）。

② 遺産分割での5年以内の分割の禁止（民法908条）

　被相続人は、遺言で、死亡時から5年以内の期間を定めて遺産分割を禁止できます。

③ 遺産の分割方法の指定とその指定の第三者への委託（民法908条）

　被相続人は、遺言で、遺産分割方法を指定し又はその指定を第三者に委託できます。遺言では、相続分の指定（遺産の割合の指定）だけでは不十分であり、必ず相続人ごとに相続させる遺産を特定しておくことが大切です。

④ 遺言執行者の指定とその指定の第三者への委託（民法1006条）

　被相続人は、遺言で、遺言執行者を指定し又はその指定を第三者に委託できます。

⑤ 未成年後見人や未成年後見監督人の指定（民法839条・848条）

　未成年者に対し最後に親権を行う者は、遺言で、未成年後見人を指定することができます。未成年後見人を指定できる者は、遺言で、未成年後見監督人を指定できます。

⑥ 遺産分割における共同相続人間の担保責任の指定（民法914条）

　遺産分割で得た遺産に見積もった価値がなかった場合の担保責任について、被相続人は、遺言で、民法と異なる指定をすることができます。

⑦ 遺贈の遺留分減殺方法の指定（民法1034条但書）

　遺贈（遺言による遺産の無償贈与）により遺留分（法律上の最低限度の分け前の割合）が侵害された場合は遺贈を減らすことができますが、被相続人は、遺言で、民法の定める方法とは異なった指定をすることができます。

3　遺言によっても生前の行為によってもすることのできる事項

遺言によっても生前の行為によってもすることのできる事項は、次の通りです。

① 認知（民法781条）

　認知（法律上の婚姻関係のない子を自分の子として認める意思表示）は、被相続人が、生前の戸籍法による届け出によるほか、遺言ですることもできます。

② 推定相続人の廃除とその廃除の取消（民法892条～894条）

第2章　エンディングノートと遺言書の書き方は、どのようにするのですか

　遺留分を有する推定相続人（兄弟姉妹以外の相続人になれる者）が被相続人に対して虐待その他の著しい非行をした場合は、被相続人は、生前にその者を相続人から廃除することができますが、遺言により遺言執行者が廃除することもできます。廃除の取消は、生前でも遺言の効力発生後でもできます。

③　祖先の祭祀の主宰者の指定（民法897条1項但書）

　墳墓、祭具その他の祭祀財産の承継者は、被相続人が生前に指定することができますが、遺言で、祭祀の主宰者を指定することができます。

④　被相続人の財産の処分（民法549条・964条）

　被相続人の財産は、被相続人が生前に他人に贈与することができますが、遺言で遺贈（遺産の無償贈与）をすることもできます。生前に相続人となる者に相続対象財産の贈与をしておくと、遺言書による場合よりも確実に相続対象財産を配分することができますが、贈与を受けた者の贈与税や遺留分について考慮する必要があります（Q17参照）。

⑤　特別受益者の相続分の指定（民法903条3項）

　被相続人は、生前に特定の相続人に婚姻や養子縁組のため又は生計の資本として特別の贈与をすることができますが、遺言で、それらの特別受益者の相続分の計算に際して民法に定める方法と異なる指定をすることができます。

⑥　信託法による信託（信託法2条・5条）

　信託（一定の目的に従い財産の管理や処分をさせるため他人に財産権の移転その他の行為をすること）は生前にできますが、遺言でもすることができます。

⑦　財団法人の設立のための財産の拠出（一般社団法人及び一般財団法人に関する法律158条）

　生前の処分で財産の拠出をする場合は民法の贈与の規定を準用し、遺言で財産の拠出をする場合は民法の遺贈の規定を準用することとしています。

Q9 自筆証書の遺言書の作り方は、どのようにするのですか

A9

1 自筆証書の遺言書の要件

（1） 自筆証書の遺言書の成立要件として次の4つの要件を満たすことが必要です（民法968条1項）。次のいずれかの要件を欠いている場合には遺言書は無効となります。

> ① 遺言者自身が遺言書の全文を自筆で書くこと
> ② 遺言者自身が遺言書を作成した日付を書くこと
> ③ 遺言者自身が遺言書に自分の氏名を書くこと
> ④ 遺言者自身が遺言書に自分の印鑑を押印すること

（2） 遺言者自身が遺言書の全文を自筆で書くことが必要ですから、パソコン、ワープロ、タイプで書いたものは無効となります。ビデオテープや録音テープに収録したものも法律的には遺言の効力がありません。遺言書に使用する文字は日本文字に限らず、外国文字でもかまいません。

（3） 遺言者自身が遺言書を作成した日付を書くことが必要ですから、ゴム印を使った日付や年月だけで日付のない遺言書は無効となります。日付は、還暦の日とか喜寿の日、満65歳の誕生日のような作成日付が特定できる場合は有効ですが、作成日を特定することができない場合は無効となります。無効とされないためには、元号で平成25年9月10日とか、西暦2013年9月10日のような記載をするのが無難です。遺言書が複数あった場合は、最も日付の新しいものだけが有効となります。

（4） 遺言者自身が遺言書に自分の氏名を自筆で書くことが必要ですから、氏名の自書（自署）のない場合は他の部分から作成者が特定できても遺言書は無効となります。氏名は普段から使っている通称や雅号でもよいとする判例もあ

第２章　エンディングノートと遺言書の書き方は、どのようにするのですか

りますが、戸籍上の氏名を正確に自書することが大切です。

　(5)　遺言者自身が遺言書に自分の印鑑を押印することが必要ですから、実印（市町村役場に登録した印鑑）のある場合は実印を使用します。実印のない場合は普段から使用している認め印（実印以外の印鑑）を押印します。押印は、自書した氏名の後に文字と重ならないように押印します。

　(6)　遺言は、２人以上の者が同一の書面ですることはできませんから（民法975条）、例えば、夫婦で同一の書面で遺言をすることはできません（共同遺言の禁止）。

　(7)　遺言書の文字の訂正や追加その他の変更をする場合は、遺言者が、その場所を指示し、これを変更した旨を付記して特にこれに署名し、かつ、その変更の場所に押印しなければ効力を生じません（民法968条２項）。例えば、「４行目２文字削除、３文字挿入東京太郎」のように訂正箇所を明確にして署名と押印をします。ただ、訂正方法を誤ると遺言書全体が無効になる場合がありますから、初めから全部を書き直すのが無難です。

２　自筆証書の遺言書の作り方

　(1)　自筆証書の遺言書の作り方は法律では決まっていませんが、次のような注意が必要です。

　　①　遺言書の用紙に制限はありませんが、一般にＡ４サイズ又はＢ５サイズの丈夫な用紙を使用します。書き方は、横書きでも縦書きでもかまいませんが、最近は、不動産登記簿も横書きになっていることから横書きの場合が多くなっています。

　　②　筆記用具の制限もありませんが、一般に黒のボールペンやサインペン、万年筆、筆が使用されます。容易に消すことのできない筆記用具を使用します。

　(2)　自筆証書の遺言書の記載例（横書き）は次頁の通りです。記載例中の固有名詞は架空のものです。

　(3)　**遺言書の作成について注意することは次の通りです。**

　　①　遺言書に記載する不動産（土地と建物）の表示は、不動産登記簿の記

Q9 自筆証書の遺言書の作り方は、どのようにするのですか

遺 言 書

　遺言者東京太郎は、下記の通り遺言をする。
記

1　妻東京花子に次の財産を相続させる。
 (1)　土地　　所在　東京都世田谷区砧町二丁目
　　　　　　　地番　5番
　　　　　　　地目　宅地
　　　　　　　地積　382.07平方メートル
 (2)　建物　　所在　東京都世田谷区砧町二丁目5番地
　　　　　　　家屋番号　5番
　　　　　　　種類　木造瓦葺2階建
　　　　　　　床面積　1階　182.30平方メートル
　　　　　　　　　　　2階　68.06平方メートル
2　長男東京一郎に次の財産を相続させる。
 (1)　○○商事株式会社の株式の全部
 (2)　○○銀行○○支店の遺言者名義の定期預金1口　額面3千万円
3　二男東京二郎に次の財産を相続させる。
 (1)　○○信託銀行○○支店の遺言者名義の貸付信託受益権　額面2千万円
 (2)　○○建設株式会社の株式の全部
4　長女大阪友子に次の財産を相続させる。
 (1)　○○銀行○○支店の遺言者名義の定期預金1口　額面1千万円
 (2)　土地　　所在　東京都世田谷区砧町三丁目
　　　　　　　地番　8番
　　　　　　　地目　宅地
　　　　　　　地積　123.09平方メートル
5　妻東京花子の弟鈴木五郎に次の財産を遺贈する。
　　○○銀行○○支店の遺言者名義の定期預金1口　額面3千万円
6　以上に掲げた財産以外の財産は、すべて妻東京花子に相続させる。
7　三男東京三郎は、遺言者に暴行を加えて虐待し続けたので、遺言者は、三男東京三郎を廃除する意思を表示する。
8　祖先の祭祀を主宰する者として長男東京一郎を指定する。
9　この遺言の執行者として長男東京一郎を指定する。
　平成○年○月○日
遺言者　東京太郎（印）

第２章　エンディングノートと遺言書の書き方は、どのようにするのですか

載の通りに記載します。相続登記に便利だからです。
② 「相続させる」という表現は相続人の場合に使用し、相続人以外の者には「遺贈する」と記載します。「相続させる」も「遺贈する」も被相続人が遺産を無償で譲与する点では似ていますが、不動産の登記手続が異なるからです。相続人の範囲は次の通りです。
　ア　配偶者（夫又は妻）
　イ　子
　ウ　直系尊属（例えば、父母、祖父母）
　エ　兄弟姉妹
　　被相続人の死亡時点以前に推定相続人である子又は兄弟姉妹が死亡し又は相続欠格・廃除により相続資格を失った場合には、①子の子（被相続人の直系卑属）や②兄弟姉妹の子（被相続人の甥・姪）は、代襲相続人として相続をすることができます。
③ 遺言執行者は、上例の相続人の廃除の場合には必要ですが、遺言内容によっては必要としない場合もあります。しかし、遺言内容を確実に実現するためには遺言執行者を指定しておくことが大切です。相続人以外の者を遺言執行者に指定する場合には、その者が特定できるようにその者の氏名・住所・生年月日を記載しておきます。遺言執行者が必要な場合は次の通りです。
　ア　上例のような相続人の廃除をしたい場合
　イ　既にしている相続人の廃除の取消をしたい場合
　ウ　遺言によって子を認知する場合
④ 遺言者の氏名の後に押印する印鑑は、認め印でもかまいませんが、重要な書面ですから実印（市町村に登録している印鑑）がある場合は、実印を使用します。
⑤ 遺言書が２枚以上になる場合は、ホチキスで綴じて、各綴り目には押印に使用した印鑑で契印（割り印）をします。
⑥ 遺言書の保管方法は決まっていませんが、一般には遺言内容の秘密保持や偽造防止のために封筒に入れて封をした後、押印に使用した印鑑で封印をしておきます。封筒の表面には、「遺言書在中」と記載し、封筒の裏面には、例えば、「この遺言書は、遺言者の死後、遅滞なく、開封をせずに、家庭裁判所に提出すること。家庭裁判所以外で開封すると、

Q9 自筆証書の遺言書の作り方は、どのようにするのですか

過料に処せられる。」と記載し、記載した年月日と遺言者の氏名を記載し、氏名の後に押印をします。しかし、保管方法に決まりはありませんから、封筒に入れなくてもよく、封筒に入れる場合でも封をする必要はありません。

⑦ 遺言書の保管場所は死後に容易に発見される場所がよいのですが、その遺言によって最も利益を受ける相続人又は遺言執行者に保管を依頼するのが無難です。

⑧ 兄弟姉妹以外の相続人には遺留分（法律上確保される最低限度の分け前の割合）がありますが、遺留分を侵害する遺言でも当然に無効となるわけではありません。遺留分を侵害された相続人は、侵害された事実を知った時から1年以内に侵害している者に減殺（減らすこと）を請求することができるに過ぎないのです。実際には、遺留分減殺請求をしない場合も多いので、例えば、相続人が妻と子3人の場合の遺言書に「遺言者東京太郎は、遺言者の所有する一切の財産を妻東京花子に相続させる」という遺言も可能です。遺留分を侵害された遺留分権利者（例えば、前記の子）が遺留分の減殺請求をするか否かは自由ですから、遺言執行者は、遺留分を侵害している遺言書であっても、遺言書の通りに執行する必要があります。

⑨ 遺言書の内容を撤回したり変更する場合は、新しい遺言書を作成すると前の遺言を撤回することになりますが、単に撤回する場合は、古い遺言書を廃棄することが大切です。古い遺言書を廃棄しなくても、前の遺言と後の遺言と抵触する場合は、その抵触する部分については、後の遺言で前の遺言を取り消したものとみなされます（民法1023条1項）。遺言の撤回や変更をする場合の新しい遺言書の方式は、他の方式によることも可能です。例えば、自筆証書遺言を公正証書遺言によって撤回したり変更することもできます。

　遺言書の作成後に遺言者が相続対象財産を他人に売却してしまったような場合には、その財産に関する遺言は取り消したものとみなされます（民法1023条2項）。

⑩ 遺言とは異なりますが、「自分が死んだらA土地を贈与する」というような贈与契約を「死因贈与契約」といい、遺贈と同様の目的を達することができます。この死因贈与契約書は、贈与をする者と贈与を受ける

⑩　者との間で締結されますが、通常の契約書と同様に2通作成して契約当事者の双方が各1通を保有します。

⑪　遺言書には、各相続人に相続させる遺産の割合（相続分）を指定することができますが、単に相続させる遺産の割合を指定しただけでは遺産分割に際してもめることになりますから、上例のように必ず相続人ごとに相続させる遺産を特定しておくことが大切です。

⑫　相続人の間の均等な配分を考えて遺言書を作成する場合は、株式や外貨預金のような金額の変動の大きいものを特定の相続人に相続させることとした場合には、相続人の間に著しい不均衡が生じる場合がありますから、そのような相続対象財産は、各相続人に均等の割合で相続させるようにします。

⑬　遺言書には、遺言事項（遺言として法的効力を持つ事項）のみを記載し、その他の事項は、なるべくエンディング・ノートに記載することにします。例えば、特定の遺産を特定の相続人に相続させる理由とか、兄弟姉妹は仲良くするようにとか、葬儀での香典は辞退するようにというような意思表示をする場合です。

3　遺言書の作成が特に必要な場合

(1)　身寄りがなく相続人が一人もいない場合

相続人の不存在が確定した場合の遺産は、最終的には国庫に帰属しますから、生前にお世話になった人や介護施設などに遺贈するには遺言書が必要になります。

(2)　内縁の配偶者がいる場合

内縁の配偶者には相続権がないので相続人にはなりませんから、遺産を残すには遺贈をする遺言書が必要になります。この場合の遺言書には「全財産の1割」といった遺産の割合ではなく、遺産分割が容易なように遺産を特定しておく必要があります。

(3)　再婚して再婚相手の子と養子縁組をしていない場合

再婚相手の子に遺贈したい場合は遺言書が必要となります。

(4) 子のいない夫婦の場合

　遺言のない場合は兄弟姉妹や両親も相続しますから、配偶者の生活が困らないように全財産を配偶者だけに相続させるには遺言書が必要になります。兄弟姉妹には遺留分はありませんから、配偶者と兄弟姉妹が相続人の場合は、遺言によって全財産を配偶者に相続させることが可能です。

(5) 障害者や病人のいる場合

　遺言書のない場合には法定相続分によりますから、障害者や病人の世話をする者の相続分を多くしたり、遺贈をするには、遺言書が必要になります。

(6) 息子の妻に介護の世話になったような場合

　息子の妻には相続権がないので相続人にはなりませんから、介護の世話になったりして遺産を残したい場合は遺贈をする旨の遺言書が必要になります。

(7) 行方不明の相続人がいる場合

　行方不明の相続人がいる場合は遺産分割協議もできないので、相続人の廃除をする旨の遺言書が必要になります。

(8) 子の間の仲が悪い場合

　遺産分割協議もできない場合が多いので、相続人ごとの遺産の割合ではなく、相続させる遺産を特定した遺言書にします。この場合には、遺言執行者も遺言で指定しておきます。

(9) 農業や個人事業をしている場合

　農業や個人事業をしている場合は、法定相続分の通りに相続をしたのでは、農業や個人事業が継続できなくなる場合がありますから、相続人によって相続させる遺産を遺言書で特定しておく必要があります。

(10) 孫にも遺産を残したい場合

　子がいる場合には、その子の子（被相続人の孫）には相続権がないので相続人になりませんから、孫に遺産を残したい場合は、遺贈をする旨の遺言書が必要になります。

第2章　エンディングノートと遺言書の書き方は、どのようにするのですか

Q10
公正証書の遺言書の作り方は、どのようにするのですか

A10

1　公正証書による遺言書の要件

(1)　公正証書による遺言書とは、遺言者本人が証人2人以上の立ち会いを得て、遺言の趣旨を公証人に口授して（口で伝えて）公証人が公正証書として作成する遺言書をいいます（民法969条）。公証人とは、元裁判官のような法律の専門家で、各地の法務局に所属して公正証書（権利義務について公証人の作成した証書）を作成する権限を有する公務員をいいます。公証人は、一般に公証人役場で書類を作成しますが、公証人役場の所在場所は、NTTの職業別電話帳の公証人欄で確認します。

(2)　公正証書による遺言書も民法に規定する方式に従って次の要件を満たす必要があります（民法969条）。

① 証人2人以上の立ち会いがあること
② 遺言者本人が遺言の趣旨を公証人に口授（口伝え）すること
③ 公証人が、遺言者の口授を筆記し、これを遺言者と証人に読み聞かせ又は閲覧させること
④ 遺言者と証人が、筆記の正確なことを承認した後、各自これに署名し押印すること（遺言者が署名することができない場合は、公証人がその事由を付記して署名に代えることができます）
⑤ 公証人が、その証書は上記の①から④までの方式に従って作成したものある旨を付記して、それに署名と押印をすること

(3)　口がきけない者（言語機能障害者）や耳が聞こえない者（聴覚機能障害者）の場合は、次の方式によって公正証書が作成されます（民法969条の2）。

　① 口がきけない者が公正証書によって遺言をする場合には、遺言者は、公証人と証人の前で、遺言の趣旨を通訳人の通訳によって申述し又は自

書して、口授に代えます。
　②　遺言者又は証人が耳が聞こえない者である場合には、公証人は、筆記した内容を通訳人の通訳によって遺言者や証人に伝えて、読み聞かせに代えることができます。
　③　公証人は、この①②の方式に従って公正証書を作成した場合には、その旨をその公正証書に付記する必要があります。

(4)　次の者は、遺言の証人や立会人（成年被後見人の遺言の医師の立会人）となることはできません（民法974条）。
　①　未成年者（20歳未満の者）
　②　推定相続人（相続人となるはずの者）、遺贈を受ける者（受遺者）、これらの者の配偶者と直系血族（父母、祖父母、子、孫など）
　③　公証人の配偶者・4親等内の親族・書記・使用人

2　公正証書による遺言書の作成の手順

(1)　公証人に公正証書による遺言書を作成してもらう場合は、次のものを準備する必要があります。実際に公正証書の作成を依頼する前には公証人役場に電話をして必要なものや公証人の手数料の金額を確認しておく必要があります。
　A　**遺言者本人**については次のものを準備します。
　　①　遺言者本人の**戸籍謄本**（戸籍の全部の写し）（電子化された戸籍の場合は、戸籍全部事項証明書）……遺言者と推定相続人の続柄の分かる戸籍謄本や改製原戸籍謄本
　　②　遺言者本人の**印鑑登録証明書**（市町村が3か月以内に発行したもの）
　　③　遺言者が市町村に印鑑登録をした**実印**
　　④　遺言者名義の不動産（土地と建物）の**固定資産評価証明書**
　　⑤　遺言者名義の不動産の**登記簿謄本**（全部事項証明書）
　　⑥　遺言内容を記載したメモ（自筆証書の**遺言書**の形式が望ましい）
　B　**推定相続人と受遺者**（遺贈を受ける推定相続人以外の者）については次のものを準備します。
　　①　推定相続人の戸籍謄本
　　②　受遺者の住民票写し

(2)　遺言執行者を指定する場合には、その者の住民票写しを準備します。他

第 2 章　エンディングノートと遺言書の書き方は、どのようにするのですか

人の住民票写しは原則として交付されませんから、遺言執行者本人に取得を依頼します。

　(3)　証人 2 人については次のものを準備します。民法は 2 人以上と規定していますが、実務上は 2 人としています。証人が見つからない場合は、公証人役場に相談すると証人の日当相当額を支払えば証人を紹介してくれる場合があります。

　　①　各人の住民票写し（各人に事前の取得を依頼しておきます）
　　②　各人の認め印（スタンプ式の印鑑は使用できません）

　(4)　公証人の手数料を現金で準備します。不動産その他の財産の価格によって手数料額は異なります。手数料額の計算は複雑ですから、事前に公証人役場に固定資産評価証明書その他の資料を示して手数料の金額を確認しておく必要があります。

　(5)　病床にある遺言者の自宅や病院に公証人に出張してもらうこともできますが、その場合には通常の金額に 10 分の 5 が加算されます。この場合には、出張に要した交通費、宿泊料、日当の支払いも必要になります。

　(6)　作成された公正証書の遺言書は、①その原本は公証人役場に保管し、②正本（法令の規定により原本と同一の効力を有するもの）と③謄本（原本の全部の写し）とが遺言者に交付されます。遺言者に交付された遺言書の正本や謄本をどのように保管するかは遺言者の自由です。原本は、公証人役場で遺言者が 100 歳ないし 120 歳に達するまで保管されますから、正本や謄本を紛失した場合は、原本の写しの交付を受けることができます。

Q11
秘密証書の遺言書の作り方は、どのようにするのですか

A11

1　秘密証書による遺言書とは

（1）　秘密証書による遺言書とは、遺言者が自分の作成した遺言書に署名押印をして封筒に封入し遺言書に押印した印鑑で封印のうえ封紙に公証人の公証（公に証明する行為）を受けた遺言書をいいます（民法970条1項）。遺言の存在は明確にしておくものの、遺言内容を生前には秘密にしておく場合に利用されます。ただ、この遺言制度は、実際には、ほとんど利用されません。

（2）　秘密証書による遺言書は、公正証書による遺言書の場合とは異なり、公証人役場に保管されません。公証人は、遺言書の内容は見ていませんから、自筆証書遺言の場合と同様に記載不備や真意不明のような問題が発生する場合があります。

2　秘密証書による遺言書の要件

（1）　秘密証書による遺言書も民法に定める次の要件を満たす必要があります（民法970条1項）。

> ①　遺言者が、その遺言書に署名し押印をすること
> ②　遺言者が、その遺言書を封筒に入れて遺言書に押印した印鑑で封印をすること
> ③　遺言者が、公証人1人と証人2人以上の前に封書を提出して、自分の遺言書である旨とその筆者（書いた者）の住所・氏名を申し述べること
> ④　公証人が、その遺言書を提出した日付と遺言者の申し述べた事項を封紙に記載した後、遺言者及び証人とともに封紙に署名し押印すること

第2章　エンディングノートと遺言書の書き方は、どのようにするのですか

(2)　秘密証書による遺言書では、自書（自分で書くこと）は要求されていませんから、パソコンを使用して作成することもできますが、署名と押印は必要です。遺言書には日付の記載も要求されていませんが、これは公証人が日付を記載するからです。

(3)　秘密証書による遺言書は、民法に規定する方式に合致していない場合でも、自筆証書による遺言書の要件を具備している場合には、自筆証書による遺言書としての効力を有します（民法971条）。

(4)　口がきけない者が秘密証書によって遺言をする場合は、遺言者は、公証人と証人2人以上の前で、その証書は自分の遺言書である旨とその筆者の住所氏名を通訳人の通訳により申し述べるか、封紙に自書して申述に代えます。この場合は通訳人の通訳により申し述べたことを公証人は封紙に記載する必要があります。口がきけない者には耳が聞こえない者や老齢・病気により発声不明瞭な者も含まれます。

(5)　秘密証書による遺言書を作成する場合の公証人の手数料は、一律11,000円となります。遺産の価額が分らないからです。

Q12
遺言執行者は、どんなことをするのですか

A12

1 遺言執行者の役割

(1) 遺言執行者とは、遺言者の死亡後に遺言の内容を実現するために相続財産の管理その他の遺言の執行に必要な一切の権利義務を有する者をいいます（民法1012条1項）。遺言執行者には民法の委任契約の受任者の注意義務・報告義務・受取物の引渡義務の各規定が準用されます（民法1012条2項）。

(2) 遺言執行者がある場合には、相続人は、相続財産の処分その他の遺言の執行を妨げるべき行為をすることはできません（民法1013条）。相続人が相続財産を勝手に処分した場合には、その処分は無効となります。

(3) 遺言執行者は、遺言者の死亡後、財産に関する遺言がなされている場合には、遅滞なく、相続財産の目録を調製して相続人に交付する必要があります。遺言執行者は、相続人から請求がある場合には、その立ち会いをもって相続財産の目録を作成し、または公証人に作成させる必要があります（民法1011条）。

(4) 遺言書の内容には、①遺産分割禁止のような執行の必要のないものもありますが、一方、②認知の届出、相続人の廃除や廃除の取消のような遺言執行者がしなければならない事項もあります。遺言執行者がしなければならない事項がある場合に遺言書に遺言執行者が指定されていない場合には、相続人その他の利害関係人の請求により家庭裁判所は、遺言執行者を選任する必要があります。

(5) 遺言執行者は、遺言書によって必ず指定しなければならないものではありませんが、遺言書の内容を確実に実現するためには遺言書で遺言執行者を指定しておくことが大切です。遺言書のない場合は、共同相続人の協議により遺産を分割することになります。遺言書に遺言執行者を指定していない場合は、共同相続人が遺言で指定した通りに遺産を分割することになります。

(6) 遺言執行者は、相続人の代理人とみなされます（民法1015条）。遺言者は死亡によって権利能力（権利の主体となる資格）を喪失しますから、遺言執行者を相続人の代理人とみなして遺言執行者の行為の効果は相続人に帰属することにしているのです。

(7) 遺言執行者には、①未成年者と②破産者はなることができません（民法1009条）。しかし、その他の資格制限はありませんから、相続人の中から指定することもできますし、知人友人を指定することもできます。

2 遺言執行者の選任・解任・辞任

(1) 遺言者は、遺言で、1人又は複数の遺言執行者を指定し、又はその指定を第三者に委託することができます。遺言執行者の指定の委託を受けた者は、遅滞なく、その指定をして相続人に通知する必要がありますが、その委託を断る場合には、遅滞なく、その旨を相続人に通知する必要があります（民法1006条）。

(2) 遺言執行者の指定を受けた者が就職（遺言執行者の職に就くこと）を承諾した場合は、直ちにその任務を行う必要があります（民法1007条）。遺言執行者の指定を受けた者が就職を承諾するか否かは自由ですので、相続人その他の利害関係人は、遺言執行者に対して相当の期間を定めて、その期間内に就職を承諾するかどうかを確答すべき旨の催告をすることができます。この場合、遺言執行者が、その期間内に相続人に対して確答をしない場合には就職を承諾したものとみなされます（民法1008条）。

(3) 遺言執行者が遺言で指定されていない場合や遺言執行者がいなくなった場合には、家庭裁判所は、相続人その他の利害関係人の請求によって遺言執行者を選任することができます（民法1010条）。家庭裁判所には、家事審判申立書を提出します。

(4) 遺言執行者がその任務を怠った場合その他の正当な理由がある場合（例えば、不公正な事務を行った場合）には、相続人その他の利害関係人は、その解任を家庭裁判所に請求することができます（民法1019条1項）。

(5) 遺言執行者は、正当な理由がある場合（例えば、外国勤務になった場合）

には、家庭裁判所の許可を得て、その任務を辞任することができます（民法1019条2項）。

3 遺言執行者の職務権限

(1) 遺言執行者は、**相続財産の管理その他の遺言の執行に必要な一切の行為**をする権利義務を有します（民法1012条1項）。複数の遺言執行者がいる場合には、遺言に別段の意思表示のない限り、その任務の執行は過半数で決定します。ただ、保存行為（例えば、雨漏りの修繕）は単独ですることができます（民法1017条）。

(2) **遺言執行者の主な職務**には、次のものがあります。
① 相続財産の目録の調製
② 遺言による認知の届け出
③ 遺言による相続人の廃除や廃除の取消
④ 遺言による未成年後見人や未成年後見監督人の指定
⑤ 遺贈（包括遺贈・特定遺贈）の場合の不動産の所有権移転登記の共同申請
⑥ 預貯金の払い戻し・名義の書き換え
⑦ 株式の引渡・名義の書き換え
⑧ 遺言の執行に関する訴訟の追行
⑨ 金銭その他の物の指定された者への引渡

(3) 遺言執行者がいる場合には、相続人は、相続財産の処分その他の遺言の執行を妨げるべき行為をすることはできません（民法1013条）。遺言執行者に指定された者が就職の承諾をする前であっても、その処分は無効となります。ただ、その無効の処分について遺言執行者が追認（無効の行為に効力を生じさせること）した場合には有効となります。

(4) **遺言執行者の報酬**は、遺言者が遺言で定めた場合はそれに従いますが、遺言に定めのない場合は、家庭裁判所の審判で定めることができます（民法1018条）。

(5) 遺言の執行に要する費用（例えば、相続財産の目録の作成費用）は、相続財産の負担とされていますが、これにより遺留分（兄弟姉妹以外の相続人に確保

第 2 章　エンディングノートと遺言書の書き方は、どのようにするのですか

される最低限度の分け前の割合）を減ずることはできないとされています（民法 1021 条）。**遺言の執行に要する費用**の主なものは次の通りです。

　① 　遺言書の検認手続の費用
　② 　相続財産の目録の作成費用
　③ 　相続財産の管理費用
　④ 　遺言執行者の報酬
　⑤ 　土地建物の測量費用
　⑥ 　土地建物の登記費用
　⑦ 　遺言執行に係る民事訴訟の費用

Q13
遺言書の検認と開封とは、どういうことですか

A13

1　遺言書の検認と開封とは

(1)　遺言書の保管者は、相続の開始（被相続人の死亡）を知った後、遅滞なく、これを家庭裁判所に提出して検認を受ける必要があります。遺言書の保管者がいなくて相続人が遺言書を発見した場合も家庭裁判所に提出して検認を受ける必要があります。ただ、公正証書による遺言書については検認の必要はありません（民法1004条1項・2項）。

(2)　遺言書の検認とは、家庭裁判所が遺言書の存在と内容を確認する手続をいいます。検認は、遺言の内容の真否とか有効無効を判定するものではありませんから、検認を受けたからといって、遺言の効力は確定しませんし、検認を受けない遺言書が無効となるわけではありません。

(3)　封印のある遺言書は、家庭裁判所において相続人又はその代理人の立会いがなければ開封することはできません（民法1004条3項）。

(4)　家庭裁判所へ遺言書を提出することを怠り、家庭裁判所での検認を経ないで遺言を執行したり、又は家庭裁判所の手続によらずに封印のある遺言書を開封したりした者は、5万円以下の過料（刑罰ではない金銭罰）に処するとされています（民法1005条）。家庭裁判所の手続を経なくても、過料の制裁はあるものの、遺言書の効力には影響しません。

2　遺言書の検認の手続と検認の効果

(1)　家庭裁判所への遺言書の検認の申立は、家事審判法の甲類審判事項とされていますから、家事審判申立書を提出しますが、家庭裁判所には特別の簡易な「遺言書検認申立書」用紙が備え付けられていますので、それに記入して提出します。費用として1件につき800円分の収入印紙と裁判所書記官の指定す

第2章　エンディングノートと遺言書の書き方は、どのようにするのですか

る郵便切手が必要です。提出する裁判所は遺言者の最後の住所地の家庭裁判所となります。

(2)　封印している遺言書の開封は、検認の手続の中で行われますから、検認の申立のほかに開封の申立は不要です。封印している遺言書の開封には、相続人又はその代理人の立ち合いが必要ですが、家庭裁判所が期日を定めて呼び出しをして、実際には立ち会わなくても立ち会いの機会を与えればよいとされています。

(3)　家庭裁判所は、検認手続の結果を検認調書に記載します。検認手続が終了した後、申立人に対して検認済証明書を付した遺言書を返還し、検認に立ち会わなかった相続人、受遺者その他の利害関係人に対して、遺言を検認した旨を通知します。

(4)　検認の効果は、遺言書の外形的状態を確認する一種の検証ないし証拠保全の効果を生じるだけであって、遺言者の有効無効といった実質面を確認するものではありません。

Q14 特別方式の遺言とは、どういうものですか

A14

1 死亡の危急に迫った者の遺言（一般危急時遺言）

（1） 病気その他の理由によって死亡の危急に迫った者が遺言をしようとする場合は、特別の方式の次の要件を満たす必要があります（民法976条）。
　① 遺言者が疾病その他の事由によって死亡の危急に迫っていること
　② 証人3人以上の立会いがあること
　③ 遺言者が証人の1人に遺言の趣旨を口述すること
　④ 口述を受けた証人が、これを筆記して遺言者と他の証人に読み聞かせ又は閲覧をさせること
　⑤ 各証人が筆記の正確なことを承認した後に署名し押印をすること

（2） この方式に従って作成した遺言書については、遺言をした日から20日以内に、証人の1人または利害関係人（相続人など）から家庭裁判所に家事審判申立書を提出して確認を受けなければ効力を生じません。

（3） 特別方式による遺言は、遺言者が普通方式（自筆証書遺言・公正証書遺言・秘密証書遺言）によって遺言をすることができるようになった時から6か月間生存する場合は、その効力は失われます。

2 船舶遭難者の遺言（遭難船舶危急時遺言）

（1） 船舶が遭難した場合に船舶中に在って死亡の危急に迫った者が遺言をしようとする場合は、特別の方式の次の要件を満たす必要があります（民法979条）。
　① 遺言者が遭難船舶中に在って死亡の危急に迫っていること
　② 証人2人以上の立会いがあること
　③ 遺言者が口頭で遺言をすること
　④ 証人の1人が遺言の趣旨を筆記して遺言書に署名し押印すること

(2)　この方式に従って作成した遺言書については、証人の1人または利害関係人から遅滞なく（20日以内の制限はない）家庭裁判所に請求して確認を受ける必要があります。

(3)　特別方式による遺言は、遺言者が普通方式（自筆証書遺言・公正証書遺言・秘密証書遺言）によって遺言をすることができるようなった時から6か月間生存する場合は、その効力は失われます。

3　伝染病隔離者の遺言

(1)　伝染病のため行政処分によって交通を断たれた場所に在る者が、遺言をしようとする場合は、特別の方式の次の要件を満たす必要があります（民法977条）。
　①　遺言者が伝染病のため行政処分によって交通を断たれた場所に在ること
　②　警察官1人と証人1人の立会いがあること
　③　遺言者が遺言書を作成すること（代筆でもよい）
　④　遺言者、筆者（書いた者）、立会人（警察官）、証人は、各自が遺言書に署名し押印をすること

(2)　この方式により作成した遺言書では、家庭裁判所の確認は不要です。

(3)　特別方式による遺言は、遺言者が普通方式（自筆証書遺言・公正証書遺言・秘密証書遺言）によって遺言をすることができるようなった時から6か月間生存する場合は、その効力は失われます。

4　在船者の遺言

(1)　船舶中に在る者が遺言をしようとする場合は、特別の方式の次の要件を満たす必要があります（民法978条）。
　①　遺言者が船舶中に在ること
　②　船長または事務員1人と証人2人以上の立会いがあること
　③　遺言者が遺言書を作成すること（代筆でもよい）
　④　遺言者、筆者（書いた者）、立会人、証人は、各自が遺言書に署名し押印をすること

Q14　特別方式の遺言とは、どういうものですか

(2)　この方式により作成した遺言書では、家庭裁判所の確認は不要です。

(3)　特別方式による遺言は、遺言者が普通方式（自筆証書遺言・公正証書遺言・秘密証書遺言）によって遺言をすることができるようなった時から6か月間生存する場合は、その効力は失われます。

第3章
相続の仕組みは、どのようになっていますか

Q15
相続とは、どういうことですか

A15

1　相続とは

(1)　相続とは、人の死亡によって、その人の財産上の一切の権利や義務を死者と一定の関係にある者に引き継がせることをいいます。この場合の死者を「**被相続人**」といい、財産上の権利や義務を引き継ぐ人を「**相続人**」といいます。

(2)　相続は、被相続人が死亡した時点（死亡した瞬間）に開始します。相続人が被相続人の死亡したことを知らなくてもよいのです。こうしないと誰のものでもない財産が生じることになるからです（民法882条）。

(3)　相続人となる人の範囲は民法の規定で決められており、被相続人が民法に規定する法定相続人以外の人を相続人に指定することはできません。この制度を**法定相続制度**といいます。しかし、法定相続人以外の人に遺言によって遺産を譲与することはできます。この制度を**遺贈**といいます。

(4)　相続人となるためには、被相続人が死亡した時点（相続開始時点）において生存していることが必要です。これを**同時存在の原則**といいます。しかし、例外として出生前の胎児は、相続に関しては既に生まれたものとみなされて相続人となります。ただし、死産の場合は初めからいなかったものとして取り扱われます（民法886条）。

(5) 被相続人の死亡には、次の①失踪宣告や②認定死亡も含まれます。
① **失踪宣告**とは、人の生死不明の状態が一定期間継続した場合に利害関係人（例えば、配偶者）の請求によって家庭裁判所の審判で死亡したものとみなす制度をいいます。失踪宣告には、(a)7年間生死不明の場合の**普通失踪**と、(b)戦地や沈没船のような危難に遭遇し1年間生死不明の場合の**特別失踪**とがあります。死亡したものとみなされる時点は、(a)普通失踪では7年間の期間満了時点、(b)特別失踪では危難の去った時点とされています。(a)(b)とも失踪宣告がなされた場合に相続が開始します（民法30条）。
② **認定死亡**とは、爆発・火災・水難・津波その他の事変によって死体の確認はできないものの、周囲の状況から死亡したことが確実であるとみられる場合に、その取調べをした官公署（例えば、警察署）がその者の死亡を認定し、死亡地の市町村長に死亡の報告をすることをいいます（戸籍法89条）。死亡の報告に基づいて戸籍に死亡の記載がなされた場合は、その記載の年月日時分において死亡したものと推定されます。この場合にも相続が開始します。

2　相続人の範囲と相続財産（遺産）の範囲

(1) 相続人の範囲は、①配偶者（妻又は夫）、②子、③直系尊属（例えば、父母、祖父母）、④兄弟姉妹に限られています。これらを法定相続人といいます。法定相続人が複数いる場合は、相続のできる者の優先順位が民法で決められています。同じ順位の相続人が複数いる場合の相続分（遺産の分け前の割合）は、被相続人の遺言で指定されていない場合には、民法に定める割合（法定相続分）によって遺産を分けることになります。

相続開始前に相続人となるはずの人（推定相続人）が死亡し又は相続欠格・廃除により相続権を失った場合には、その者が①子の場合には、その子その他の直系卑属（被相続人の孫・曾孫など）又は②兄弟姉妹の場合には、その子（被相続人の甥・姪）が代わって（代襲して）相続人となります。これを**代襲相続人**といいます（詳細はQ16の4）。

(2) **相続財産の範囲**は、相続が死者の財産上の一切の権利や義務を包括的に承継することから、土地・建物・現金・預金・宝石のようなプラスの財産（積

極財産）のほか、借金のようなマイナスの財産（消極財産）も承継することになります。ただし、例外として、①被相続人だけに専属した一身専属権（例えば、親の権利、委任契約上の権利）と、②祭祀財産（例えば、位牌、仏壇、墓）は相続財産の範囲には含まれません（民法896条・897条）。

3　相続の流れ

(1) 被相続人の死亡
① 相続人は何らの手続もなしに遺産を包括的に相続します。
② 相続人の範囲は民法の定めた範囲に限られます。
③ 相続のできる優先順位は民法の規定によります。
④ 遺産の範囲にはプラスの財産のほかマイナスの財産も含まれますが、祭祀財産と一身専属権は含まれません。

(2) 相続人の確定
① 相続欠格者、相続廃除者、相続放棄者を除いて相続人を確定します。
② 遺産は分割するまでは相続人全員の共同所有となります。共同所有の持分の割合（権利の割合）を相続分といいます。

(3) 遺産の分割
① 遺言書に指定のある場合は指定の通りに分割します。
② 遺言のない場合は共同相続人全員の協議によって分割します。
③ 分割の協議が調わない場合は家庭裁判所に調停又は審判を申し立てます。

(4) 遺産分割後の手続
① 相続した遺産の価格によっては相続税の納付が必要になります。
② 土地や建物を相続した場合は所有権の移転登記（相続登記）をします。登記をしなくても所有権は移転します。

第3章　相続の仕組みは、どのようになっていますか

Q16
相続人の範囲は、どのようになっていますか

A16

1　相続人の範囲

（1）　相続人の範囲は民法に規定していますが、民法に定める相続人（法定相続人）は、①配偶者相続人（被相続人の妻又は夫）と、②血族相続人に分けることができます。血族相続人は、(a)自然血族（例えば、父母と子、祖父母と孫）と(b)法定血族（例えば、養子と養親）に分かれます。

【法定相続人】
　①　配偶者相続人（被相続人の妻又は夫）
　②　血族相続人（例えば、自然血族の父母と子、法定血族の養子と養親）

（2）　法定相続人の範囲は、民法の規定によって、被相続人の①配偶者（妻又は夫）、②子、③直系尊属（例えば、父母、祖父母）、④兄弟姉妹に限られています。血族相続人が相続する場合の順位は、①子、②直系尊属、③兄弟姉妹の順とされており、先の順位の者がいる場合には、後の順位の者は相続人になれません。

配偶者は、いずれの場合でも常に相続人となります。血族相続人のいない場合には配偶者だけが相続人となります。配偶者がいない場合には血族相続人だけが相続人となります。

【法定相続人の範囲】
　①　被相続人の配偶者（妻又は夫）
　②　被相続人の子（実子のほか養子も含む）
　③　被相続人の直系尊属（例えば、父母、祖父母）
　④　被相続人の兄弟姉妹

2　法定相続人の相続の順位

(1)　法定相続人が相続をする順位は、民法によって次の通りに決められています。配偶者は、次のいずれの場合でも血族相続人と同順位で常に相続人となりますが、血族相続人は、次の優先順位によって相続人となります。先の順位の者がいる場合には、後の順位の者は相続人となることはできません（民法887条・889条・890条）。

> 第1順位　被相続人の子と配偶者
> 第2順位　被相続人の直系尊属（父母、祖父母など）と配偶者
> 第3順位　被相続人の兄弟姉妹と配偶者

(2)　第1順位の「被相続人の子と配偶者」が相続人となる場合は、次のようになります。
① 　子には実子のほか養子も含まれます。
② 　子には嫡出子（法律上の婚姻関係にある男女の子）のほか、非嫡出子（法律上の婚姻関係のない男女の子）も含まれます。しかし、相続分（遺産の分け前の割合）は、非嫡出子は、嫡出子の2分の1とされます。
③ 　子には胎児（母の胎内にある出生していない子）も含まれます。胎児は相続については既に生まれたものとみなされます。
④ 　被相続人の子が、相続開始以前に死亡した場合や相続人から除外される制度により相続資格を失った場合は、その子の直系卑属である子（被相続人の孫）が代わって相続人となります。この制度を代襲相続といいます。被相続人の孫も死亡している場合は、被相続人の曾孫が相続人となります。これを再代襲といいます。
⑤ 　第1順位の「被相続人の子と配偶者」が相続人となる場合の相続分は、子が2分の1、配偶者が2分の1となります。子が複数いる場合は、子の各人の相続分は均等となります。

(3)　第2順位の「被相続人の直系尊属（父母、祖父母など）と配偶者」が相続人となる場合は次のようになります。
① 　第2順位となる場合は、第1順位の子がいない場合、子がいても全員が相続放棄をした場合又は全員が相続資格を失った場合に限られます。

② 第2順位の直系尊属には、実父母（血縁関係のある父母）のほか、養父母（養子縁組による父母）も含まれます。しかし、血族に限られますから、配偶者の父母のような姻族（婚姻によりできた親戚）は含まれません。

③ 直系尊属の親等が異なる場合（例えば、父母と祖父母がいる場合）は、被相続人に近い親等の者が優先します。例えば、父母と祖父母がいる場合は、父母は1親等、祖父母は2親等ですから、父母が優先します。同順位の直系尊属が複数いる場合（例えば、父母2人がいる場合）は、各人の相続分は均等になります。

④ 第2順位の「被相続人の直系尊属（父母、祖父母など）と配偶者」が相続人となる場合の相続分は、直系尊属が3分の1、配偶者が3分の2となります。直系尊属には代襲相続の制度はありません。

(4) 第3順位の「被相続人の兄弟姉妹と配偶者」が相続人となる場合は、次のようになります。

① 第3順位となる場合は、第1順位の子や第2順位の直系尊属のいない場合、それらの者がいても全員が相続放棄をした場合又は相続資格を失った場合に限られます。

② 兄弟姉妹には異母兄弟姉妹や異父兄弟姉妹も含まれます。しかし、これらの兄弟姉妹の相続分は、父母の双方を同じくする兄弟姉妹の2分の1とされます。

③ 相続開始時点で相続人となるべき兄弟姉妹が死亡していた場合は、その兄弟姉妹の子（被相続人の甥や姪）が死亡した兄弟姉妹に代わって（代襲して）相続をします。ただし、第1順位の子の場合とは異なり、再代襲の制度はありません。

④ 第3順位の「被相続人の兄弟姉妹と配偶者」が相続人となる場合の相続分は、兄弟姉妹が4分の1、配偶者が4分の3となります。兄弟姉妹が複数いる場合は、各人の相続分は均等になります。

(5) 以上の民法に定めた相続分（法定相続分）と異なる相続分を指定したい場合には、被相続人は、遺言書によって各法定相続人の相続分を指定する必要があります。法定相続人以外の者に遺産を分け与えたい場合も、遺言書で遺贈の意思表示をしておく必要があります。

3 相続人以外の者に遺産を分け与える場合

(1) 相続人の範囲は民法の規定によって定められていますから、法定相続人以外の者に遺産を分け与える場合には、①被相続人の遺言によって遺贈（遺言によって無償で遺産を譲与すること）をするか、②被相続人が生前に贈与（無償で財産を与える契約）をすることになります。

(2) **遺贈**とは、被相続人となる遺言者が遺言書によって自分の財産を他人に無償で譲与することをいいます。この場合は、被相続人の死後に遺言執行者（遺言書の内容を執行する権利義務を有する者）が遺産を受けた者（受遺者）に引き渡すことになります。

(3) **贈与**には、①生前に贈与契約の履行を完了する場合（例えば、生前に土地や建物の所有権移転登記を完了した場合）と、②生前に贈与契約を締結して贈与者が死亡した場合に契約の効力が発生する死因贈与とがあります。死因贈与は遺贈に似ていますから、民法の遺贈の規定は死因贈与に準用されます（民法554条）。

4 代襲相続

(1) 代襲相続とは、被相続人の死亡時点以前に推定相続人（相続が開始した場合に民法の規定では相続人となるべき者）である子や兄弟姉妹が、①死亡、②相続欠格、③相続人の廃除の3つのいずれかの原因で相続資格を失った場合に、推定相続人の直系卑属（子、孫など）が推定相続人に代わって同一順位で相続人となる制度をいいます（民法887条・889条）。

例えば、被相続人である父Aの推定相続人である子Bが、Aの死亡時点以前に死亡していた場合は、Bの子CがBに代わって（代襲して）Aを相続します。この場合のBを被代襲者といい、Cを代襲相続人（代襲者）といいます。

第3章　相続の仕組みは、どのようになっていますか

```
被相続人 A
  ↓
推定相続人（被代襲者）B……Aの死亡以前のBの死亡、Bの相続欠格、B
                          の相続人廃除によりBがAを相続できない
                          場合
  ↓
代襲相続人C（Aの孫のような代襲者）が相続……Bが相続放棄をした場合
                                          はCの代襲相続はない
```

(2)　代襲相続のできる原因には、①推定相続人の相続開始以前の死亡、②推定相続人の相続欠格、③推定相続人の相続廃除の3つがあります。②の相続欠格と③の相続廃除の制度は、法定相続人の中から特定の相続人を除外する制度です。

【代襲相続】
　①　相続開始「以前の」死亡とされていますから、被相続人と推定相続人とが同時に死亡した場合（例えば、航空機の墜落事故で同時に死亡した場合）も含まれます。
　②　相続欠格とは、推定相続人が被相続人を殺したり遺言書を偽造したような一定の重大な違法行為をした場合に法律上当然に相続資格を奪う制度をいいます（民法891条）。相続欠格の事由の発生時期が被相続人の死亡前の場合はその時から、死亡時点後に生じた場合は、その効果は相続開始時点に遡りますから代襲相続が生じます。
　③　相続廃除とは、推定相続人が被相続人を虐待したり重大な侮辱を加えたような一定の行為があった場合に、被相続人が家庭裁判所に請求して相続資格を奪う制度をいいます（民法892条以下）。相続開始後の家庭裁判所の審判によって相続廃除がなされた場合でも、その効果は相続開始時点に遡りますから代襲相続が生じます。

(3)　代襲相続の場合の推定相続人（被代襲者）となる者の範囲は、①被相続人の子と②被相続人の兄弟姉妹に限られます。被相続人の直系尊属（父母、祖父母など）や配偶者については代襲相続は認められません。推定相続人となる

者（子や兄弟姉妹）が相続の放棄をした場合は、代襲相続は生じません。

(4) 代襲相続人（代襲者）となる者の範囲は、①推定相続人である子の直系卑属（被相続人の孫や曾孫）又は②推定相続人である兄弟姉妹の子（被相続人の甥や姪）に限られます。

```
被相続人 A
  ↓
推定相続人（被代襲者）……被相続人の子又は被相続人の兄弟姉妹
  ↓
代襲相続人（代襲者）……①被相続人の子の直系卑属（被相続人の孫や曾孫）
                      ②被相続人の兄弟姉妹の子（被相続人の甥や姪）
```

① **子についての代襲相続**では、代襲相続人は相続権を失った者（推定相続人）の子であるとともに被相続人の直系卑属であることが必要です。従って、養子縁組前に生まれた養子の子は代襲相続人とはなりません。養親との間に親族関係がなく、被相続人の直系卑属ではないからです。

② **兄弟姉妹についての代襲相続**では、代襲相続人は、相続権を失った者の子であるとともに被相続人の血族（傍系卑属）であることが必要です。養子の縁組前の子は、養子を代襲して養親の他の子の遺産を代襲相続できません。養親の他の子との間に親族関係がないからです。

(5) 代襲相続人（代襲者）は、推定相続人が相続資格を失った時点に存在している必要はなく、相続開始時点に存在していればよいので、相続資格を失った後、相続開始前に生まれた子（胎児も含みます）や養子は、代襲相続人となります。

(6) 代襲相続人（代襲者）の受ける相続分（遺産の分け前の割合）は、推定相続人に予定されていたのと同一の相続順位で、推定相続人の相続分に相当する相続分を相続します（株分け）。複数の代襲相続人がいる場合は、各人の相続分は均等になります。

第3章　相続の仕組みは、どのようになっていますか

Q17
各相続人の相続分は、どのようになっていますか

A17

1　相続分とは

（1）　相続分とは、同順位の相続人が複数いる場合の相続財産（遺産）に対する各相続人の分け前の割合をいいます。相続分には、その決定方法の違いから①指定相続分と②法定相続分とがあります（民法900条・902条）。

（2）　**指定相続分**とは、被相続人の遺言による意思表示によって決定される相続分をいいます。指定相続分には、①被相続人が遺言によって指定する相続分と、②被相続人の遺言によって指定を委託された第三者が指定する相続分とがあります。

（3）　**法定相続分**とは、被相続人の遺言による相続分の指定のない場合に、民法の規定に従って決定される相続分をいいます。

（4）　指定相続分は、法定相続分に優先しますが、ただ、民法の遺留分（兄弟姉妹以外の相続人に法律上確保される最低限度の分け前の割合）の規定に違反することはできないとされています（民法902条・1028条以下）。

2　法定相続分

同順位の相続人が複数いる場合は、その相続分は次のようになります（民法900条）。

① 第1順位の「子と配偶者が相続人となる場合」は、**子が2分の1、配偶者が2分の1**
② 第2順位の「直系尊属と配偶者が相続人となる場合」は、**直系尊属が3分の1、配偶者が3分の2**
③ 第3順位の「兄弟姉妹と配偶者が相続人となる場合」は、**兄弟姉妹が4分の1、配偶者が4分の3**

④　**同順位**の子・直系尊属・兄弟姉妹が複数いる場合は、各自の相続分は**均等**になります。
⑤　子が**非嫡出子**（法律上の婚姻関係のない男女の子）の場合の相続分は、嫡出子（法律上の婚姻関係のある男女の子）の相続分の**2分の1**となります。
⑥　兄弟姉妹の場合に父母の一方のみを同じくする兄弟姉妹の相続分は、父母の双方を同じくする兄弟姉妹の相続分の2分の1となります。
⑦　代襲相続人（代襲者）の相続分は、被代襲者（推定相続人）が受けるはずであった同一順位で、被代襲者の相続分に相当する相続分を相続します。同一順位の複数の代襲相続人がいる場合は、各人の相続分は均等になります（民法901条）。

3　指定相続分

(1)　被相続人は、法定相続分の規定にかかわらず、遺言で、共同相続人（複数の相続人）の各相続分を指定し、又は遺言で相続分を指定することを第三者に委託することができます（民法902条1項）。この指定は、遺産の割合でする場合（例えば、相続人の子ＡＢの2人がいる場合に、Ａに5分の3、Ｂに5分の2とする場合）のほか、甲土地は子Ａに、乙土地は子Ｂに相続させるという指定をすることもできます。

(2)　相続分の指定や指定の第三者への委託は、必ず遺言書で行う必要があります。この場合の第三者の範囲に相続人や包括受遺者（遺産の一定割合の遺贈を受ける者）は含まれないと解されています。相続分の指定の効力は、①被相続人が遺言書で指定した場合は、遺言が効力を生じた時（死亡時点）から効力を生じますが、②第三者に指定を委託した場合は、遺言が効力を生じた後に第三者が指定をすることにより相続開始時点に遡って効力を生じます。

(3)　遺産に属する債務（住宅ローンその他の借金など）は、債務者が自由に処分をすることはできませんから、相続分の指定があった場合でも、その効力は債務には及ばず、債権者は、法定相続分に従って各共同相続人に対して請求をすることができます。例えば、複数の相続人の中の妻に遺言書で住宅ローンの債務のあるマンションを相続させた場合でも、住宅ローン債務は、各相続人の

第3章　相続の仕組みは、どのようになっていますか

相続分に従って引き継ぐことになりますから、債権者である銀行の承諾のない限り妻だけを住宅ローンの債務者とすることはできません。

(4)　相続分の指定は、民法の遺留分（被相続人の兄弟姉妹以外の相続人のために法律上確保される最低限度の分け前の割合）の規定に反することはできません。ただし、遺留分の規定に反する相続分の指定があった場合でも、当然に遺言が無効になるのではなく、遺留分を侵害された遺留分権利者が、侵害を受けた限度で他の相続分の減殺（減らすこと）を請求することができるだけです。

(5)　複数の相続人の中の一部の者の相続分だけを遺言で指定し又は指定を第三者に委託している場合には、指定を受けていない相続人の相続分は法定相続分の規定によります。例えば、法定相続人が子ＡＢＣの3人の場合に遺言でＡの相続分を2分の1と指定している場合には、ＢとＣの相続分は、残りの2分の1の各半分となります。

4　遺留分とは

(1)　遺留分とは、**被相続人の兄弟姉妹以外の相続人（子、直系尊属、配偶者）**のために法律上確保される最低限度の分け前の割合をいいます。遺留分を有する者を遺留分権利者といいます。遺留分権利者は、相続権を有する者に限られますから、①相続欠格事由に該当する者、②相続人の廃除をされた者、③相続放棄をした者は、遺留分権利者になりません。遺留分を侵害された遺留分権利者は、遺留分を侵害している者に対し、遺贈や贈与の減殺（減らすこと）を請求することができます。

(2)　**遺留分の割合**は、遺留分権利者が誰であるかによって遺留分権利者全体の遺留分の割合が次の通り決められており、遺留分権利者が複数いる場合には法定相続分の割合によって各遺留分権利者の遺留分の割合が決められます。

【遺留分】
① 直系尊属（父母、祖父母など）だけの場合は、被相続人の財産の3分の1
② その他の場合（子だけの場合、配偶者だけの場合、子と配偶者の場合、配偶者と直系尊属の場合）は、被相続人の財産の2分の1

例えば、
- ①　被相続人の父母が相続人の場合は、各人は1/3×1/2=1/6
- ②　被相続人に配偶者Ａと子ＢＣがいる場合は、Ａは1/2×1/2=1/4、ＢＣは各1/2×1/2×1/2=1/8

となります。

遺留分を侵害した遺言書であっても、当然に無効となるわけではありません。遺留分を侵害された遺留分権利者が遺留分を侵害している者に対し減殺（減らすこと）を請求するか否かは自由ですから、遺言書で指定された遺言執行者は、遺言書の通りに執行する必要があります。

(3)　遺留分の算定の基礎となる財産は、「被相続人が相続開始時に有していたプラスの財産の価額＋１年以内の贈与の価額＋特別受益としての贈与－相続債務（マイナスの財産）」として計算します。

$$遺留分 = 被相続人のプラスの財産の価額 + １年以内の贈与の価額 + 特別受益の贈与額 - 相続債務（マイナス財産の価額）$$

加算される贈与は、相続開始前の１年間にしたものに限りますが、当事者双方が遺留分権利者に損害を与えることを知って贈与をした場合は、１年前にした贈与の価額も加算します（民法1029条・1030条）。特別受益としての贈与（婚姻・養子縁組のため又は生計の資本としてされた贈与）は、１年以内に限られず贈与の時期は問いません（民法1044条・903条）。

(4)　遺留分権利者は、自分の**遺留分を保全**するのに必要な限度で、遺贈や贈与の減殺（減らすこと）を請求することができます（民法1031条）。この請求権を**遺留分減殺請求権**といいます。減殺請求権は、遺留分権利者が、遺留分を侵害された事実を知った時から１年間行使しない場合は時効によって消滅します。相続開始時から10年を経過した場合も同様です。遺留分の減殺の方法は、相手方（遺留分を侵害する贈与や遺贈を受けた者）に対する意思表示によりますから、実務上は、減殺すべき贈与や遺贈のあったことを知った日から１年以内に相手方に内容証明郵便で「遺留分減殺請求書」を郵送します（民法1042条）。訴えの提起その他の裁判上の手続による必要はありません。

内容証明郵便の手紙は１枚の用紙に１行20字以内、１枚26行以内で（縦書でも横書でもよい）作成する必要がありますが、文例を示すと次のようになり

第３章　相続の仕組みは、どのようになっていますか

ます。郵送方法は、郵便局で確認します。

遺留分減殺請求書

平成○年○月○日

○県○市○町○丁目○番○号
○○○○　殿

○県○市○町○丁目○番○号
○○○○　（印）

私は、父Ａが、Ａのすべての財産を貴殿に相続させる旨の遺言書を作成していたことを今般初めて知りました。しかし、父Ａの遺言書は、私の遺留分を侵害するものですから、私は、貴殿に対して、本書面をもって遺留分減殺の請求をします。

以上

---

(5)　遺留分減殺請求によって遺留分を侵害している遺贈（遺言による財産の無償譲与）や贈与の処分行為の効力は失われ、当然に遺留分権利者に帰属することになります。①遺贈や贈与が履行されていない場合は、遺贈や贈与を受けた者は、その履行を請求することができなくなり、②遺贈や贈与が履行されていた場合は、遺贈や贈与を受けた者に対して返還を求める必要があります。この場合の返還は、現物返還が原則ですが、減殺を受けるべき限度において遺贈や贈与の価額を弁償して返還義務を免れることができます（民法1041条）。

(6)　**遺留分の放棄**は、相続の開始前でもできますが、家庭裁判所の許可を受けた場合に限り放棄の効力が生じます（民法1043条1項）。しかし、相続開始後の遺留分の放棄には、家庭裁判所の許可は不要です。複数の相続人の中の一人のした遺留分の放棄は、他の共同相続人の遺留分に影響しません（民法1043条2項）。

5　特別受益者の相続分

(1)　特別受益者とは、共同相続人（複数の相続人）の中で被相続人から遺贈を受けたり、婚姻のため、養子縁組のため又は生計の資本として贈与を受けた

者をいいます（民法903条）。これらの事情を考慮しないで、特別受益者の相続分を計算したのでは不公平になることから、相続分の特別の計算方法が定められています。

【特別受益の範囲】
① 被相続人から受けた遺贈（遺言による遺産の無償譲与）
② 被相続人から生前に受けた婚姻のための贈与・養子縁組のための贈与・生計の資本のための贈与

(2) 特別受益者の具体的な相続分の計算方法は、
特別受益者の具体的な相続分＝（被相続人の相続開始時の財産の価額＋特別受益とされる贈与の価額）×特別受益者の指定相続分又は法定相続分－特別受益としての贈与や遺贈の価額
となります。

受益者の相続分 ＝ （相続開始時の財産の価額 ＋ 特別受益の贈与額）× 指定相続分 法定相続分 － 受益分の価額

(3) 特別受益者の具体的な相続分の計算をした結果、①特別受益者の相続分が特別受益額よりも多い場合は、その差額が相続分となります。しかし、②特別受益額が相続分を超える場合や等しい場合は、その特別受益者は相続分を受けることはできません。相続分を超えていた場合でも超えた額の返還をする義務はありません。

6　寄与者の相続分

(1) 寄与者とは、共同相続人の中で、①被相続人の事業に関する労務の提供又は財産上の給付、②被相続人の療養看護、③その他の方法によって、被相続人の財産の維持又は増加について特別の寄与をした者をいいます（民法904条の2）。特別の寄与をした者に特別の寄与に相当する額（寄与分）を取得させて共同相続人間の公平を図ることにしています。

【特別の寄与の内容】
① 被相続人の事業に関する労務の提供や財産上の給付による寄与
② 被相続人に対する療養看護による寄与

第3章 相続の仕組みは、どのようになっていますか

　③　その他の方法による寄与

(2)　寄与者の具体的な相続分の計算方法は、

　　寄与者の具体的な相続分＝(被相続人の相続開始時の財産の価額－寄与分の価額)×寄与者の指定相続分又は法定相続分＋寄与分の価額

となります。

$$\boxed{寄与者の相続分} = \left(\boxed{相続開始時の財産の価額} - \boxed{寄与分価額} \right) \times \boxed{\begin{array}{c}指定相続分\\法定相続分\end{array}} + \boxed{寄与分の価額}$$

Q18
相続財産の範囲は、どのようになっていますか

A18

1 相続財産とは

（1） 相続財産（遺産）とは、被相続人が死亡した時点の被相続人の財産に属した一切の権利と義務をいいます。相続財産には、被相続人の所有していた**積極財産（土地・建物・現金・預金・宝石・著作権その他の無体財産権のようなプラスの財産）**のほか、**消極財産（住宅ローンその他の借金のようなマイナスの財産）**も含まれます。しかし、①祭祀財産（例えば、系図、位牌、仏壇のような祭具、墓）と、②被相続人の一身専属権（例えば、親の権利、夫婦間の権利、扶養請求権）は、相続の対象となる相続財産には含まれません。

（2） 祭祀財産は、相続財産には含まれず、祖先の祭祀を主宰する者が承継します。祖先の祭祀を主宰する者は、次の順序で決めることになります（民法897条）。

① まず、被相続人が生前に指定した者又は遺言で指定した者がなります。親族でなくてもかまいません。
② 被相続人が指定した者がいない場合は、その地方の慣習に従って決定します。
③ 慣習が不明の場合は、家庭裁判所の調停又は審判によって決定します。

（3） 祭祀財産の承継は、相続による承継ではありませんから、相続を放棄した相続人でも祭祀財産の承継は可能です。祭祀を主宰する者の資格の制限はありませんから、相続人でなくてもかまいません。

2 相続財産の範囲

（1） 相続財産の範囲には、祭祀財産と被相続人の一身専属権を除いて、被相続人の財産に属した一切の権利と義務を包括的に承継することから、被相続人のプラスの財産のほか、借金のようなマイナスの財産も含まれることになりま

第3章　相続の仕組みは、どのようになっていますか

す。しかし、被相続人の死亡を原因とはするものの、相続ではなく契約や法律の規定に基づいて特定の相続人が固有に取得する権利（例えば、会社から支給される死亡退職金の請求権、生命保険会社との契約による生命保険金の請求権）は、相続財産の範囲に含まれません。

(2)　相続人が複数いる場合は、相続財産は共同相続人の共有（共同所有）になります（民法898条）。共有とは、複数の者が一個の所有権を量的に分有する所有形態をいいます。各共有者の有する持分（権利の割合）は、各共有者が自由に処分することができます。共同相続人の持分を相続分といいますが、各共同相続人は、その相続分に応じて被相続人の権利と義務を包括的に承継するのです。

(3)　相続財産の範囲が問題となる場合には、次の場合があります。

【相続財産に含まれるもの】
　① 　生命保険金（死亡保険金）は、被相続人が自分を受取人としていた場合は、相続人が受取人の地位を相続しますから相続財産に含まれます。しかし、受取人を特定の者に指定していた場合は相続財産に含まれません。
　② 　借地権、借家権、特許権・著作権その他の無体財産権は、財産的価値を有する権利ですから相続財産に含まれます。
　③ 　普通の債務は、一身専属的なもの（例えば、委任契約上の債務）を除いて相続財産に含まれます。

【相続財産に含まれないもの】
　④ 　死亡退職金は、会社の規則で特定の受給権者が決められていますから相続財産に含まれません。
　⑤ 　社会保険の遺族年金は、法律によって受給権者が決められていますから相続財産に含まれません。
　⑥ 　香典は、葬儀費用に充てて残った場合は祭祀主宰者に帰属しますから相続財産に含まれません。

Q19
遺産の分割は、どのようにするのですか

A19

1 遺産の分割とは

（1） 遺産（相続財産）の分割とは、同順位の相続人が複数いる場合に各相続人の相続分に従って、誰がどの遺産を取るのかを定めることをいいます。相続開始時点で共同相続人の共有とされている遺産を各相続人の単独所有（場合によっては特定の複数の相続人の共有）に移行させる手続を遺産分割といいます。

（2） 遺産分割の基準について民法906条は「遺産の分割は、遺産に属する物又は権利の種類及び性質、各相続人の年齢、職業、心身の状態及び生活の状況その他一切の事情を考慮してこれをする」と規定していますが、共同相続人全員の協議によって分割する場合は、この基準によらずに遺産分割をすることができます。

（3） 各共同相続人は、遺言により一定期間の遺産分割が禁止されている場合を除き、いつでも、共同相続人の協議で遺産を分割することができます（民法907条1項）。共同相続人の一人が遺産分割の協議の申し出をした場合は、他の共同相続人は遺産分割協議に応じる義務を負いますが、共同相続人間に協議が調わない場合や協議ができない場合には、各共同相続人は、家庭裁判所に遺産分割の調停または審判の申立をすることができます（民法907条2項）。

（4） 遺産分割の制限として次の場合には遺産分割が禁止されます。

【遺産分割の禁止】
① 遺言による遺産分割の禁止として、被相続人は、遺言で、相続開始時から5年を超えない期間を定めて遺産の分割を禁止することができます（民法908条）。
② 家庭裁判所の審判による分割禁止として、家庭裁判所は、遺産分割の申立があった場合でも、遺産分割が不適当であると考える特別の事由が

ある場合は、期間を定めて遺産の全部又は一部の分割を禁止する審判をすることができます（民法907条3項）。

③　相続人の協議による分割禁止として、民法に規定はないものの、共同相続人全員の合意により5年以内の分割禁止は認められると解されています。

2　遺産分割の方法と効力

(1)　**遺産分割の方法**には、①指定分割、②協議分割、③審判分割・調停分割の3つの方法があります。先ず、①被相続人の遺言による分割方法の指定がある場合には、それに従いますが、②遺言のない場合には、共同相続人全員の協議によって分割方法を定めます。③共同相続人間の協議が不調又は不能の場合には、家庭裁判所の審判又は調停によって分割方法を定めることになります。

① **指定分割**とは、被相続人が遺言で分割の方法を指定している場合又は遺言で分割の方法を指定することを第三者に委託している場合をいいます（民法908条）。

② **協議分割**とは、被相続人の遺言のない場合に共同相続人全員の協議によって遺産分割をすることをいいます。各共同相続人は、いつでも、他の共同相続人全員に対して遺産分割を請求することができますから、他の共同相続人は遺産分割協議に応じる必要があります（民法907条1項）。この場合の遺産分割協議の成立には、(a)共同相続人全員の参加と、(b)共同相続人全員の合意が必要です。

③ **審判分割・調停分割**とは、共同相続人全員による遺産分割協議が調わない場合や協議ができない場合に、共同相続人の一人又は複数の者から家庭裁判所に審判の申立又は調停の申立をして遺産分割をすることをいいます（民法907条2項）。

(2)　**遺産分割の効力**は、相続開始時点（被相続人の死亡時点）にさかのぼって効力を生じます（民法909条本文）。従って、相続人が遺産分割によって取得した相続財産は、相続開始時点で被相続人から直接取得したものとして取り扱われます。この効力のことを「遺産分割の遡及効」といいます。ただ、他人に賃貸しているアパートの家賃収入は、遺産分割によりアパートの取得者が決まるまでの間については、各相続人が相続分に従って取得します。

しかし、この遡及効を認めたのでは第三者の権利を害することになる場合は、この取り扱いはしません。例えば、共同相続人ＡＢＣの３人の中のＡが相続財産に属するＸ土地の自分の持分を第三者Ｙに譲渡した後、遺産分割によってＸ土地がＢの単独所有となった場合、分割の遡及効を認めるとＹは不測の損害を被りますから遡及効は認めないのです（民法909条但書）。

3 遺産分割の協議

(1) 遺産分割協議とは、被相続人の遺言により分割方法が指定されている場合や遺産分割が禁止されている場合を除いて、共同相続人全員により遺産の分割について協議をすることをいいます。一部の相続人を除外してなされた遺産分割協議は無効となります。除外された相続人は、遺産分割の無効を主張して遺産分割のやり直しを請求することができます。

(2) 共同相続人全員による遺産分割協議による分割の方法には、①現物分割、②価額分割（換価分割）、③代償分割、④その他の方法による分割があります。

① 現物分割とは、土地・建物・宝石その他の遺産の現物を分割する方法をいいます。例えば、相続人として子ＡＢＣがいる場合に、(a)土地はＡに、建物はＢに、その他の遺産はＣに取得させるような場合や(b)1,500平米の土地を500平米ずつ３人に分割するような場合です。

② 価額分割（換価分割）とは、遺産を金銭に換価して金銭を分割する方法をいいます。価額分割は、現物分割が不可能な場合や現物分割では著しく価値が減少する場合に採用されます。

③ 代償分割とは、遺産の現物（例えば、土地建物）は特定の相続人に取得させて、その取得者に現物を取得しなかった他の相続人に代償（償いとして代価を出すこと）を支払う方法をいいます。

④ その他の方法による分割の例としては、(a)遺産の全部又は一部を共同相続人の全員又は一部の者の共有にする方法、(b)遺産の土地を特定の相続人に取得させて他の相続人に土地の賃借権を設定させる方法があります。

(3) 相続債務（被相続人から相続した債務）は、相続人が相続の放棄又は限定承認をしない限り、相続人が債務を弁済する責任を負いますが、この債務は、遺産分割の対象とはならないと解されています。ただ、共同相続人全員の合意

第3章　相続の仕組みは、どのようになっていますか

遺産分割協議書

亡東京太郎（平成〇年〇月〇日死亡）の相続人である妻東京花子、長男東京一郎、二男東京二郎、長女大阪友子は、被相続人の遺産を下記の通り分割することに同意する。

記

1　相続人東京花子は、次の遺産を取得する。
　(1)　土地　　所在　東京都世田谷区砧町二丁目
　　　　　　　地番　5番
　　　　　　　地目　宅地
　　　　　　　地積　982.07平方メートル
　(2)　建物　　所在　東京都世田谷区砧町二丁目5番地
　　　　　　　家屋番号　5番
　　　　　　　種類　木造瓦葺2階建
　　　　　　　床面積　1階　282.30平方メートル
　　　　　　　　　　　2階　98.06平方メートル
　(3)　株式会社〇〇銀行〇〇支店の被相続人名義の定期預金1口　金額5,000万円
2　相続人東京一郎は、次の遺産を取得する。
　(1)　〇〇建設株式会社の株式　　2万株
　(2)　株式会社〇〇銀行〇〇支店の被相続人名義の定期預金1口　金額3,000万円
3　相続人東京二郎は、次の遺産を取得する。
　(1)　〇〇商事株式会社の株式　　1万株
　(2)　株式会社〇〇銀行〇〇支店の被相続人名義の定期預金1口　金額4,000万円
4　相続人大阪友子は、何らの遺産を取得しない。
5　相続人東京花子は、その取得した相続分の代償として相続人東京太郎及び東京二郎に対して、各1,000万円を本遺産分割協議書の調印と同時に支払う。
6　本遺産分割協議書に記載のない遺産及び後日判明した遺産は、すべて東京花子が取得する。

　以上の通り協議が真正に成立したことを証するため、本遺産分割協議書を4通作成して各自署名及び押印をして各自1通を保有する。
　平成〇年〇月〇日

　　　　　　　　　　　　　　　　　　　相続人　　東京花子　（実印）
　　　　　　　　　　　　　　　　　　　相続人　　東京一郎　（実印）
　　　　　　　　　　　　　　　　　　　相続人　　東京二郎　（実印）
　　　　　　　　　　　　　　　　　　　相続人　　大阪友子　（実印）

によって共同相続人の間では特定の相続人に債務を帰属させることはできますが、その合意の効力は、債権者に対して主張することはできません。例えば、資力のない特定の相続人に債務を帰属させることによって債権者からの強制執行を不能にすることはできないのです。

(4) 遺産分割協議の実務は、共同相続人全員が一堂に集まって協議をする場合のほか、共同相続人の一人が原案の書面を作成して持ち回りで共同相続人全員の承諾を得る場合もあります。遺産分割協議の結果を書面にするかどうかについて法律の規定はありませんが、実務上は、共同相続人全員で次頁のような「遺産分割協議書」という書面を作成し、全員が各1通を保有することとします。遺産分割協議書は土地や建物の登記をする場合にも必要になりますから、使用する印鑑は市町村に登録した実印を使用します。

　遺産分割協議書の書き方は決まっていませんが、前頁のような記載例があります。記載例中の固有名詞は架空のものです。

(5) 遺産分割協議書の作成に代えて、「相続分のないことの証明書」が作成される場合があります。土地や建物を特定の相続人に取得させる登記をするのに用いられています。ただし、真実を記載していない場合には後日トラブルの原因になります。書面の名称は、「相続分皆無証明書」とか「特別受益証明書」とされる場合もあります。書き方は決まっていませんが、次の記載例があります。記載例の固有名詞は架空のものです。

証　明　書

私は、被相続人大阪太郎（大阪市中央区大手前四丁目1番20号）から生前に生計の資本として相続分を超える財産の贈与を受けているので、平成〇年〇月〇日被相続人の死亡により開始した相続については、相続する相続分が存在しないことを証明します。

　平成〇年〇月〇日

　　　　　　　　　　　　　　　大阪市中央区大手前四丁目1番20号
　　　　　　　　　　　　　　　　　　大阪一郎　（実印）

第3章　相続の仕組みは、どのようになっていますか

Q20 相続の承認と放棄の制度は、どのようになっていますか

A20

1　相続の承認（単純承認・限定承認）と放棄の制度

（1）　相続人は、被相続人の死亡時点から、被相続人の一身専属権と祭祀財産を除いて、被相続人に属した一切の権利と義務を承継しますから、遺産の額より借金のような債務のほうが多い場合もあります。このような場合の相続人を保護するために、民法は、相続をするかどうかの次のような選択の自由を認めています。

① 単純承認（相続人が全面的・無条件に権利義務を承継する場合）
② 限定承認（プラスの財産の限度で債務を弁済する条件付きで承認する場合）
③ 相続放棄（相続人が全面的に相続を拒否する場合）

（2）　**単純承認**とは、相続人が無条件に被相続人の権利や義務を無限に承継するという意思表示をいいますが、相続人が自分のために相続が開始したこと（被相続人の死亡）を知った時から3か月以内に相続放棄や限定承認をしなかった場合は、単純承認をしたものとみなされます（民法920条・921条）。

（3）　**限定承認**とは、相続人が相続によって得た遺産の限度で被相続人の債務や遺贈（遺言による遺産の譲与）を弁済するとの留保を付けて承認する意思表示をいいますが、この限定承認の意思表示も相続の開始を知った時から3か月以内にする必要があります（民法922条・915条1項）。

（4）　**相続の放棄**とは、相続人が相続によって発生する効果の帰属を全面的に拒絶する意思表示をいいますが、相続の放棄によって、その相続人は、初めから相続人とならなかったものとみなされます。相続放棄の意思表示も相続の開始を知った時から3か月以内にする必要があります（民法915条1項）。

2　相続の承認や放棄の撤回と取消

（1）　相続人が、①単純承認、②限定承認、③相続放棄のいずれかを選択した場合は、たとえ3か月以内の考慮期間内であっても、その選択の意思表示を撤回することはできません（民法919条1項）。撤回とは、意思表示をした者が一方的にその効果を将来に向かって消滅させることをいいます。

（2）　しかし、撤回は許されないものの、次のような民法により取消のできる場合は、取り消して、改めて選択をすることができます。取消とは、すでに効力を生じている意思表示を初めに遡って消滅させることをいいます。

①　未成年者が法定代理人の同意を得ずに承認や放棄をした場合（民法5条2項）
②　成年被後見人本人が承認や放棄をした場合（民法9条）
③　被保佐人が保佐人の同意を得ずに承認や放棄をした場合（民法13条）
④　詐欺又は強迫によって承認や放棄をした場合（民法96条）
⑤　後見人が後見監督人の同意を得ずに承認や放棄をした場合（民法865条）

3　相続の放棄の手続

（1）　相続の放棄をしようとする者は、自分のために相続の開始があったことを知った時から3か月以内に、相続の放棄をする旨を家庭裁判所に申述（申出）をする必要があります（民法938条）。家庭裁判所への申述は、実務上は、家庭裁判所の窓口に備え付けている「相続放棄申述書」用紙に必要事項を記入して申述人と被相続人の戸籍謄本を添付して提出します。家庭裁判所は、申述が適法で真意に基づくものであることを確認して申述を受理しますが、相続放棄の効果は、申述の受理の審判によって成立します。

（2）　相続の放棄をした者は、その放棄によって相続人となった者が相続財産の管理を始めることができるまで、自分の財産におけるのと同一の注意をもって、その財産の管理を継続する必要があります。

4　相続の限定承認の手続

(1)　相続の限定承認をしようとする者は、自分のために相続が開始したことを知った時から3か月以内に、相続財産の目録を作成して相続開始地（被相続人の最後の住所地）を管轄する家庭裁判所に提出し、限定承認をする旨を家庭裁判所に申述（申出）をする必要があります（民法924条）。相続人が複数いる場合は、全員が共同してのみすることができますから、一人でも同意しない者がいる場合には限定承認はできません。家庭裁判所への申述は、実務上は、家庭裁判所の窓口に備え付けている「家事審判申立書」用紙に必要事項を記入して①申述人全員と被相続人の戸籍謄本、②財産目録を添付して提出します。家庭裁判所は、相続人が複数いる場合は、職権で、共同相続人の中から相続財産管理人を選任します。家庭裁判所は、申述が適法で真意に基づくものであることを確認して申述を受理しますが、限定承認の効果は、申述の受理の審判によって成立します。

(2)　限定承認者（相続財産管理人のいる場合は管理人）は、債権者らに対して遺産の清算の手続をする必要がありますから、限定承認をした後5日以内に（管理人の場合は10日以内に）すべての債権者と受遺者（遺言による遺産の譲与を受ける者）に対して限定承認をしたことと2か月以上の一定期間に請求をすべき旨を公告する必要があります。その後にも複雑な清算の手続が必要になります。

5　相続の単純承認をした場合

(1)　単純承認をした場合は、被相続人の相続財産だけでは被相続人の債務を弁済することができない場合には、相続人は、自分の固有財産で弁済する必要があります。単純承認をした各共同相続人は、その相続分に応じて被相続人の権利と義務を承継しますから、被相続人の債務について相続人自身の財産に対しても債権者から強制執行を受ける場合もあります。

(2)　相続の単純承認も意思表示ですが、相続の放棄や限定承認の場合とは異なり、家庭裁判所での申述も不要であって、相続開始時から3か月以内の考慮期間内に相続放棄や限定承認の手続をしなかった場合は、単純承認をしたものとみなされます。

(3) 相続人は、次の場合には単純承認をしたものとみなされます。これらの場合を法定単純承認といいます（民法921条）。法定単純承認の効力として、相続人は、被相続人の一切の権利と義務を無限に承継することになります。

① 相続人が相続財産の全部又は一部を処分した場合
② 相続人が3か月の考慮期間内に限定承認や相続放棄をしなかった場合
③ 相続人が限定承認や相続放棄をした後であっても、相続財産の全部又は一部を隠匿し、他人に隠れて勝手に消費したり、限定承認の場合の財産目録に隠すつもりで記載しなかったりした場合

第3章　相続の仕組みは、どのようになっていますか

Q21
遺贈とは、どういうことですか

A21

1　遺贈とは

(1)　遺贈とは、遺言者が遺言により自分の財産の全部又は一部を他人に無償で譲与することをいいます。遺贈の種類には、①遺贈の目的物を特定して行う**特定遺贈**（例えば、A土地、B建物、C特許権）と、②相続財産の全部又は一部の割合で示して行う**包括遺贈**（例えば、遺産の5分の1、遺産の全部）とがあります。特定遺贈には、(a)特定の物や権利を目的とする**特定物遺贈**と、(b)金銭のような不特定物を目的とする**不特定物遺贈**とがあります。いずれの場合も、遺留分（一定の相続人に確保された遺産の最低限度の分け前の割合）の規定に反することはできません。

(2)　遺贈は、財産を無償で譲与する点で贈与と似ていますが、贈与は、贈与をする者（贈与者）と贈与を受ける者（受贈者）との間の双方の合意による契約であるのに対して、遺贈は、遺言による一方的な単独の意思表示である点で異なっています。

(3)　贈与者が生前に受贈者との間で贈与契約を締結し、贈与者が死亡することを条件として効力を発生させる契約（例えば、自分が死んだら自分の住んでいる土地建物を与えるとう約束）を死因贈与契約といいますが、死因贈与契約は、遺贈と似ていることから民法はその性質に反しない限り、遺贈に関する規定を準用することにしています。

2　受遺者と遺贈義務者

(1)　受遺者とは、遺贈によって利益を受ける者をいいます。受遺者となることのできる能力を受遺能力といいますが、権利能力（人間や会社のような権利義務の主体となれる資格）を有する者は、すべて受遺能力を有します。

(2) 受遺者は、遺言の効力発生時点（遺言者の死亡時点）に生存していることが必要です。遺贈は、遺言者の死亡以前に受遺者が死亡していた場合には効力を生じませんから、受遺者と遺言者とが同時に死亡した場合（例えば、航空機墜落事故）にも遺贈は効力を生じません（民法994条1項）。

(3) 遺贈義務者（遺贈を履行する義務を負う者）は、原則として相続人となりますが、包括受遺者（遺産の一定割合の遺贈を受けた者）、相続財産管理人、遺言執行者も遺贈義務者となります。

3 包括遺贈と特定遺贈

(1) 包括遺贈を受けた者（包括受遺者）は相続人ではありませんが、相続人と同一の権利と義務を有するとされています（民法990条）。他の包括受遺者や相続人がいる場合は、共同相続人の場合と同様に遺産を共有し遺産の分割を行うことになります。包括受遺者の場合には、遺言者の遺産の債務を承継する場合もありますから、遺贈の承認や放棄について、相続の承認や放棄の規定が準用されます。

(2) 特定受遺者は、包括受遺者の場合とは異なり遺言者の遺産の債務を承継することはありませんから、次のような規定が設けられています。

① 特定受遺者は、遺言者の死亡後（遺贈の効力が生じた後）、いつでも遺贈の放棄をすることができます。遺贈の放棄は、遺言者の死亡の時にさかのぼってその効力を生じます（民法986条）。

② 遺贈義務者その他の利害関係人（例えば、相続人）は、特定受遺者に対して相当の期間を定めて、その期間内に遺贈の承認又は放棄をすべき旨の催告をすることができます。この場合に期間内に意思表示をしない場合は、遺贈を承認したものとみなされます（民法987条）。

③ 特定受遺者が遺贈の承認又は放棄をしないで死亡した場合は、その相続人は、自分の相続権の範囲内（相続分に相当する部分）で遺贈の承認又は放棄をすることができます。ただし、遺言者が遺言で別段の意思表示をしていた場合は、その意思に従います（民法988条）。

④ 特定受遺者又はその相続人は、遺贈の承認又は放棄を撤回することはできません（民法989条1項）。

4 負担付遺贈

(1) 負担付遺贈とは、受遺者（遺贈を受けた者）に一定の法律上の義務を負担させる遺贈をいいます。例えば、①遺言者AがX土地を特定受遺者Bに遺贈する代わりにBがCに対して1,000万円を与える負担の付いた遺贈、②遺言者Aが包括受遺者Dに対して遺産の5分の4を与える代わりにAの母親Eの扶養と看護をする負担の付いた遺贈があります。

(2) 負担付遺贈を受けた者は、遺贈の目的の価額を超えない限度においてのみ、負担した義務を履行する責任を負います（民法1002条1項）。受遺者が遺贈の放棄をした場合は、負担の利益を受けるべき者は、自ら受遺者となることができますが、遺言書で別段の意思表示をしていた場合は、その意思に従います（民法1002条2項）。

(3) 負担付遺贈の目的の価額が相続の限定承認又は遺留分回復の訴えによって減少した場合は、受遺者は、その減少の割合に応じて、その負担した義務を免れます。ただ、遺言者が遺言で別段の意思表示をしていた場合は、その意思に従います（民法1003条）。

(4) 負担付遺贈を受けた者が、その負担した義務を履行しない場合は、相続人は、相当の期間を定めてその履行を催告することができますが、その期間内に履行がない場合は、その負担付遺贈に係る遺言の取消を家庭裁判所に請求することができます（民法1027条）。家庭裁判所の遺言の取消の審判によって遺言は無効となりますから、遺贈の目的物は相続人に帰属することになります。

Q22
相続に関する家庭裁判所への申立は、どのようにするのですか

A22

1 相続に関する家事事件

(1) 家事事件とは、家庭に関する事件を非公開の手続で家庭裁判所が処理する事件をいいます。相続に関する事件も家庭に関する事件ですから、家庭裁判所において家事事件手続法によって家事審判の手続又は家事調停の手続によって処理されます。家事審判は裁判所が事実認定を行って裁判所が判断をしますが、家事調停では当事者間の合意による自主的な解決を図ります。

(2) **家事審判の手続**により処理されるのは、家事事件手続法別表第一と別表第二に掲げる事項とされていますが、相続に関する主な事項は次の通りです。

① 推定相続人の廃除
② 推定相続人の廃除の審判の取消
③ 相続の承認又は放棄をすべき期間の伸長
④ 限定承認の申述の受理
⑤ 相続の放棄の申述の受理
⑥ 限定承認又は相続の放棄の取消の申述の受理
⑦ 遺言書の検認
⑧ 遺言執行者の選任
⑨ 遺言執行者に対する報酬の付与
⑩ 遺言執行者の解任
⑪ 負担付遺贈に係る遺言の取消
⑫ 遺留分の放棄についての許可

(3) **家事調停の手続**により処理されるのは、家事事件手続法別表第一以外の事項とされていますが、相続に関する主な事項は次の通りです。

① 遺産の分割
② 遺産の分割の禁止

第3章 相続の仕組みは、どのようになっていますか

③ 寄与分を定める処分
④ 相続の場合における祭具等の所有権の承継者の指定
⑤ 相続回復請求
⑥ 遺産の範囲確認
⑦ 遺言無効確認
⑧ 遺留分減殺請求

2 家庭裁判所への家事審判・家事調停の申立の手続

(1) 家事審判の申立の手続は、提出先の家庭裁判所の窓口で無料で交付される申立用紙（事件の種類によって専用の用紙がある）に必要事項を記入して家庭裁判所の指定する証拠書類を添付して提出します。申立書の記入見本は家庭裁判所の受付窓口に備え付けているほか受付窓口で記入の仕方の相談に応じて貰えます。申立手数料は、別表第一の事件の審判では、1件につき800円とされていますが、別に家庭裁判所の指定する種類と枚数の郵便切手も必要となります。

(2) 家事調停の申立の手続も、家事審判の申立の手続と同様に、提出先の家庭裁判所の窓口で無料で交付される申立用紙（事件の種類によって専用の用紙がある）に必要事項を記入して家庭裁判所の指定する証拠書類を添付して提出します。申立書の記入見本は家庭裁判所の受付窓口に備え付けているほか記入の仕方の相談に応じて貰えます。申立手数料は、別表第二の事件その他の調停では、1件につき1,200円とされていますが、別に家庭裁判所の指定する種類と枚数の郵便切手も必要となります。

第4章
葬儀は、どのようにするのですか

Q23
葬儀社の選び方や頼み方は、どうするのですか

A23

1 葬儀社の選び方

(1) 最近では、村落共同体の協力によって葬儀を営むような場合を除いては、一般に葬儀社に依頼することが多くなっています。葬儀社は、地域によっては多数存在する場合もありますから、普段から新聞広告やインターネットで情報を集めておく必要があります。葬儀は現在でも仏教によるものが多いので、本書でも仏教式について説明します。

(2) 葬儀は突然に必要になるものですから、通夜式、葬儀、告別式の日時がほかの人と重なる場合も多いので、施設や要員の多い大規模の葬儀社を選ぶことが大切です。最近は、どの葬儀社にも葬儀の事前相談の制度もあって、無料で相談を受けられますから、費用などの相談をしておくこともできます。病院で死亡した場合は、その病院に出入りの葬儀社が遺体の搬送の寝台車を手配することがありますから、病院には家族が手配する旨を伝えて家族が手配をするようにします。

(3) 葬儀社の種類には、大別すると、①専門業者系統の葬儀社、②冠婚葬祭互助会系統の葬儀社、③生協葬・農協葬・漁協葬、④市民葬・区民葬・町民葬のような自治体葬があります。②③は一般に毎月の掛け金を支払って積み立てておくものですから会員を対象としたものです。④は自治体によって制度が異なりますが、①の葬儀社から一定範囲の葬儀費用を自治体に請求する制度があ

第4章 葬儀は、どのようにするのですか

る場合は利用すると便利です。

(4) 葬儀社を選ぶ際には、なるべく次のような葬儀社を選びます。

> ① 通夜式・葬儀・告別式の施設設備の数や規模が大きく、多数の要員がいること
> ② 施設に相当数の控室や宿泊設備を備えていること
> ③ 自宅からあまり遠くないこと
> ④ 相当人数の食事の用意ができて食事の場所があること
> ⑤ 雨天その他の悪天候の場合の対応ができていること
> ⑥ 施設に駐車場が十分にあること
> ⑦ 施設の近隣にビジネスホテルがあること
> ⑧ 火葬場への送迎用マイクロバスが準備できること
> ⑨ どの宗教・宗派にも対応できること
> ⑩ その地域の寺院や慣習に詳しいこと
> ⑪ 葬儀に関する一切の準備ができること
> ⑫ セットでの販売をしないこと
> ⑬ 年中無休24時間受け付けにしていること

2 葬儀社への頼み方

(1) 葬儀社への頼み方で注意することは、次の通りです。

> ① 葬儀の宗教・宗派を正確に伝えること
> ② 葬儀の規模や予算は担当者の説明をよく聞いてから決定すること
> ③ 葬儀に必要なもの（祭壇、飾付、納棺用品、写真その他）は、種類や等級が多数あって決めるのが困難ですが、予算を超えないような選択をすること
> ④ すべての費用に関する内訳の分かる「**見積書**」を早急に貰うこと
> ⑤ 葬儀に関する費用の支払方法と支払期日を打ち合わせておくこと
> ⑥ 死亡届の提出、火葬許可申請書の提出、火葬許可証の受領、埋葬許可証の受領を依頼しておくこと（近親者の認め印を担当者に渡しておくこと）
> ⑦ 葬儀社との窓口は喪主その他の少数の世話人に特定しておくこと

⑧　葬儀社の担当者を特定しておいて貰うこと
⑨　遺族に困難なことは葬儀社に依頼してみること
⑩　特別の理由のない限り、その地方の慣習に従うこと

(2)　菩提寺が遠隔地にあって僧侶が葬儀に来ることができない場合は、先ず、菩提寺の僧侶に相談した後、僧侶の了解を得て、葬儀社所在地の近隣の同じ宗派の僧侶を探して貰います。できれば、菩提寺の僧侶に代わりの人を探して貰います。葬儀は突然に必要になるものですが、檀家の法要は事前に土曜・日曜などに設定して僧侶に事前に依頼していますから、法要が多数予定されていて葬儀に来ることができない場合も同様にします。

第4章　葬儀は、どのようにするのですか

Q24
葬儀のやり方は、どのように決めるのですか

A24

1　葬儀のやり方

（1）　葬儀のやり方は、宗教によって、仏教式、神式、キリスト教式その他の宗教式または無宗教式に区別することができます。葬儀は、基本的には故人の意思を尊重して決めますが、故人に特別の意思表示がなかった場合は、故人の生家または婚家（嫁いだ家）の宗教に従うのが普通です。

（2）　故人だけが特別の宗教を信仰していた場合でも、故人の特別の意思表示のなかった場合は、葬儀は親族の共同の儀式の性格がありますから、生家の宗教に従う場合も多いのです。そうしないと埋葬ができない場合があるからです。菩提寺（先祖代々の位牌や墓を置いている寺）は、寺の檀徒でないと埋葬を拒否する場合がありますから、葬儀のやり方は、遺骨をどこに埋葬するによって決められることになります。

2　喪主は誰がなるか

（1）　仏教式の葬儀の主宰者を喪主といいますが、喪主は、一般に夫婦の一方が死亡した場合は他方の配偶者がなりますが、配偶者が高齢の場合には夫婦の子（例えば、長男）がなる場合もあります。その他の場合には相続人の中から故人に親等の近い者がなります。喪主となる者が未成年者の場合には、その親権者が代わって執り行います。

（2）　喪主は葬儀の主宰者ですから、親族の中心となって葬儀を執り行いますから、葬儀のやり方や葬儀社との打ち合わせの結果を全部知っておく必要があります。葬儀社との契約も喪主の名義ですることになります。

3　仏教式の葬儀

（1）　仏教式の葬儀では、①通夜式、②葬儀、③告別式が中心になります。そ

れぞれの進め方は、葬儀社の担当者に聞いておきます。自分で勝手に判断して行動しないことが大切です。葬儀には種々の葬儀用具や儀式が必要になりますから、葬儀社と事前に十分に打ち合わせをしておくことが必要です。

(2) 通夜式とは、死者を葬る前に遺族や親族、友人や知人が故人を偲んで、最後のお別れをする儀式をいいます。昔は死亡して葬儀を出すまでに何日も通夜を行うこともありましたが、現在では、遺族が一晩だけ遺体を守り、翌日に葬儀と告別式を行うのが普通です。通夜の時間も夜6時頃から9時頃まで行われるのが一般的です。ただ、自治体の火葬場は、いわゆる六曜の「友引」の日を休業にしている場合がありますから、注意が必要です。六曜の「友引」は、宗教的には何らの根拠もないものですが、慣習によって休業にしているのです。葬儀や告別式が「友引」になり火葬場が休業になる場合は、翌日に延期する必要があります。

(3) 葬儀は、告別式とは別のもので、故人が成仏（死んで仏となること）することを祈る儀式で、遺族や親族で営みます。一方、告別式とは、故人と親しかった人がお別れを告げる儀式ですが、最近は、特に区別しないで、遺族や親族の焼香に引き続いて一般の会葬者の焼香が行われることが多くなっています。これらのやり方も葬儀社と打ち合わせて決めますが、その地域の慣習がある場合はそれに従うのが無難です。

第4章　葬儀は、どのようにするのですか

> **Q25**
> 葬儀と葬儀後の諸手続には、どんなものがありますか

A25

1　死亡届と火葬許可申請書の提出

(1)　**死亡届**は、戸籍法によって死亡の事実を知った時から7日以内に届け出ることとされていますが、実際には「火葬許可証」の交付を受けなければ火葬をすることができませんから、**死亡後、直ちに医師の作成した「死亡診断書」とともに市区町村役場に提出**します。死亡届を提出する義務のある者は、①同居の親族、②その他の同居者、③家主・地主・家屋や土地の管理人、④同居の親族以外の親族とされていますが、実務上は、これらの者が書類を作成して提出は葬儀社に依頼しています。この場合、提出書類に訂正がある場合に備えて、届出人の認め印を葬儀社に渡しておきます。

「死亡診断書」は、その医師が診療中の患者でない場合には、発行することはできませんから、その場合には、警察に連絡して監察医の死因の確認を経て医師が検視による「死体検案書」を作成します。死体検案書は死亡届とともに提出します。

(2)　火葬をする場合には「**火葬許可証**」の交付を受ける必要がありますから、死亡届の提出と同時に、火葬許可申請書を提出します。この提出も実際には葬儀社に依頼します。**火葬は、死亡後24時間以上経過**しなければ、することができません。火葬場では、火葬許可証を提出して火葬をした後、遺族に「埋葬許可証」を交付しますから、焼骨を埋葬するまで遺族が保管します。再発行はされませんから、保管に注意します。墓地への埋葬に関しては菩提寺と打ち合わせをします。

2　健康保険制度からの埋葬料・家族埋葬料の請求

(1)　全国健康保険協会の健康保険制度から被保険者本人が死亡した場合は、埋葬料として埋葬を行った被扶養者の家族に5万円が支給されます。この場合

には「埋葬料請求書」を各都道府県の全国健康保険協会の支部に提出する必要があります。

(2) 被扶養者である家族が死亡した場合は、家族埋葬料として被保険者に対して5万円が支給されます。この場合も請求書を提出します。

(3) 国民健康保険の制度では、被保険者が死亡した場合は、葬祭費として葬儀を行った者（例えば、喪主）に市町村の定めた額（多くは5万円）が支給されます。この場合も申請書の提出が必要です。

(4) 75歳以上の後期高齢者医療制度でも、葬祭費として、被保険者が死亡した場合には葬儀を行った者に5万円が支給されます。この場合も申請が必要です。

3　遺族基礎年金・遺族厚生年金の裁定請求

(1) 遺族基礎年金は、国民年金の被保険者や老齢基礎年金の受給者などが死亡した場合に、①18歳到達年度の末日までの子（障害者は20歳未満で1級・2級の者）または②そのような子のある妻に支給されます。この場合の裁定請求書は住所地の市町村に提出します。

(2) 遺族厚生年金は、厚生年金保険の被保険者や老齢厚生年金の受給者などが死亡した場合に、その妻、55歳以上の夫、18歳到達年度の末日までの子（障害者は20歳未満で1級・2級の者）などの一定の遺族に支給されます。この場合の裁定請求書は、住所地の日本年金機構の年金事務所に提出します。老齢厚生年金を受給していた者が死亡した場合は、その旨を日本年金機構の年金事務所に届け出る必要がありますが、届出書類や添付書類が必要になりますから、電話で必要な届出書面を送付してくれるように依頼します。届出は郵送でかまいません。この手続を怠ると死亡した者に年金が振り込まれますから、後日の返還手続が面倒なことになります。

4　生命保険金の請求手続

(1) 生命保険の被保険者が死亡した場合に、生命保険契約で特定の受取人を指定していた場合は、保険金は相続財産に含まれませんから、受取人は、生命保険会社に保険金請求書を提出します。

(2) 生命保険契約で死亡者本人（被保険者本人）を受取人としていた場合は、相続人が受取人の地位を相続しますから、相続財産に含まれますので、遺言執行者がいる場合は遺言執行者から請求し、遺言執行者がいない場合相続人全員から請求します。

5 相続税の申告手続

(1) 相続人は、相続の開始を知った日の翌日から10か月以内に被相続人の最後の住所地の税務署に申告し納税する必要がありますが、課税対象の遺産額が基礎控除額を超えない場合は相続税を納付する必要はありません。

(2) 基礎控除額は、「5,000万円 + 1,000万円 × 法定相続人の数」で計算します。例えば、法定相続人が妻と子2人の合計3人の場合は、基礎控除額は8,000万円となります。

(3) 延納制度として、相続税額が10万円を超え、納付期限までに金銭で納付することが困難な事由がある場合は、申請により年賦払いにより納付することができます。この場合は利子税がかかるほか、原則として担保の提供が必要です。

(4) 延納制度によっても金銭で納付することが困難な場合は、物納制度により、一定の要件を満たす相続財産で納付することができます。

6 被相続人の所得税・消費税の申告

(1) 被相続人が所得税や消費税を申告する必要がある者である場合には、年の途中で死亡したときは、相続人全員が連名で確定申告をする必要があります。

(2) この場合の確定申告は、被相続人が死亡した日の翌日から4か月以内に、被相続人の最後の住所地の税務署に確定申告書を提出します。

7 土地や建物の相続による所有権移転登記

(1) 土地や建物の相続による所有権移転登記は、登記簿上の所有者（被相続人名義）と実際の所有者（相続人）を一致させるための登記ですが、登記がなくても相続により所有権の取得はできますから、必ずしも相続の登記をする必要はありません。ただ、法定相続分によって相続をした場合には問題はありま

せんが、遺産分割によって不動産を取得した場合には二重譲渡に備えて所有権取得の登記をしておく必要があります。

(2) 所有権の移転登記は、本来、所有権を得る者と失う者との共同申請によるのが原則ですが、相続による所有権移転の登記は相続人の単独の申請によります。複数の相続人がいる場合でも、相続人の1人が全員のための相続登記をすることができます。この場合、相続登記をした後に遺産分割によって特定の相続人が不動産を取得した場合の所有権移転登記は、他の共同相続人との共同申請によります。

8 被相続人名義の預金の払い戻し手続

(1) 相続は被相続人の死亡の瞬間に開始しますから、被相続人名義の預金は相続財産となり、遺言のない場合には法定相続分により各相続人が払い戻し請求権を持つことになります。しかし、金融機関が死亡の事実を知らない場合は、事実上、キャッシュカードにより払い戻しを受けることができます。突然の死亡に際して被相続人の預金の払い出しができない場合には、葬儀にも支障がありますから、生前に葬儀費用を別の銀行口座に入金して配偶者や喪主を依頼する者にキャッシュカードを預けておくのが無難です。

(2) 金融機関が相続の開始を知った場合（例えば、新聞の死亡記事により知った場合）には、金融機関は、後日の紛争を避けるために、金融機関ごとの「相続預金払戻請求書」に法定相続人全員の戸籍謄本、印鑑登録証明書、住民票写しを添付して法定相続人全員の署名と実印を押印して提出することになります。金融機関ごとに請求書用紙や添付書類が異なりますから、各金融機関に事前に確認をします。新聞の死亡記事の掲載を断る場合には、葬儀社にもその旨を伝えておきます。

(3) 遺産分割協議によって、その預金を相続することになった場合は、その者が払い戻し請求をするか名義変更をすることになりますが、この場合には、遺産分割協議書原本とそれに押印された印鑑の印鑑登録証明書が必要になります。金融機関によって手続が異なりますから、電話で事前に確認をしておきます。

第4章　葬儀は、どのようにするのですか

9　その他の主な手続

(1)　被相続人が会社の代表者その他の役員であった場合は、登記所（法務局）で役員の変更登記をする必要があります。登記の手続は、登記所職員に尋ねます。

(2)　家庭裁判所の手続として、①相続の放棄や限定承認をする場合は家庭裁判所に死亡を知った時から3か月以内に申述書を提出する必要があります。②遺言書の検認を受ける場合は、遺言書の発見後、遅滞なく家庭裁判所に検認申立書を提出します。③遺言執行者が必要な場合は、選任申立書を家庭裁判所に提出します。

(3)　電話加入権の名義変更をする場合は、加入承継届をNTTに提出しますが、届出の用紙は、NTTに電話をして郵送して貰います。電気・ガス・水道・NHKの契約者の変更は、各領収書に記載の営業所に電話をして必要な用紙を郵送して貰います。

(4)　被相続人所有の自動車を相続した者は、相続人全員の「相続同意書」を作成して、同意書の印鑑の印鑑登録証明書、戸籍謄本、住民票写しを添付して運輸局の事務所で手続をします。

(5)　被相続人のクレジットカードを返還する場合は、各社の「脱会届」にカードを添付して返還します。

(6)　被相続人が会社に在職中に死亡した場合は「死亡退職届」を会社に提出します。退職金の支給される場合でも会社の内部規則で受取人が指定されていますから、相続財産には含まれません。

(7)　労災保険（労働者災害補償保険）の適用事業所での業務上の災害や通勤途上の災害により被相続人が死亡した場合は、遺族補償給付の受給手続をします。

(8)　菩提寺に先祖代々の墓がある場合を除いて、遺骨を納める墓を準備しますが、墓には墓地経営主体により①自治体の経営する公営墓地、②公益法人などが作る民営墓地、③寺院墓地があります。③は檀家に限られますから、③の

ない場合は①か②となります。墓地に埋葬せずに、散骨（遺骨を粉状にして海などに撒くこと）をしたり、樹木葬（遺骨をさらしに包むなどして墓苑の樹木の根に埋めること）をしたり、手元供養（遺骨を粉末にして器に入れて自宅で保管すること）にしたりする場合もあります。

(9) 被相続人に借地や借家があり相続人が使用しない場合は、原状（元の状態）に復して地主や家主に返還します。契約によっては法律的には返還の困難な場合もありますから、地主や家主に事情をよく説明して受け取って貰います。また、相続人が引き続いて使用する場合は、地主や家主と協議をして契約を変更します。

第4章 葬儀は、どのようにするのですか

Q26 戒名は、必ず付けるのですか

A26

1 戒名とは

（1）　戒名とは、本来は、仏門に入って戒（仏門の戒律）を受けた者に与えられる仏の弟子としての名前をいいますが、実際には、僧侶が死者に付ける名前を指して使われる場合があります。戒名は、宗派によっては、法名とか法号といいます。

（2）　戒名は、喪主が菩提寺（先祖の墓や位牌を置いている寺）の僧侶に依頼して通夜式までに付けて貰います。戒名は、僧侶が死者に引導（人を導いて仏門に入れること）を渡す時に付けるものとされています。ただ、宗派によっては、檀家が集まって本山に参拝に行った時に生前に戒名を付けて貰っている場合もありますから、その場合は、その旨を僧侶に伝える必要があります。菩提寺のない場合は、どこの寺で付けて貰ってもかまいませんが、その場合は、葬儀社の担当者に相談をします。

（3）　戒名は、必ず付けることにはなっていませんが、実際には、葬儀から埋葬に至るまで戒名がないと不便になる場合があります。戒名を付けないと菩提寺に葬儀を引き受けて貰えない場合があります。戒名を付けない場合は、俗名（生前の名前）によって葬儀を行うことになりますし、位牌にも俗名が記されることになります。

2 戒名の付け方

（1）　戒名の付け方は、宗派によって異なりますが、一般には、男性には信士、女性には信女としますが、次のような格付け（ランク）があります。

　①　院殿　　　大居士（女性は清大姉）　　最上位の名称
　②　院　　　　居士（女性は大姉）　　　　院殿に次ぐ上位の名称
　③　信士（女性は信女）　　　　　　　　　標準的な名称

Q26　戒名は、必ず付けるのですか

　　④　童子（女児は童女）　　　　　　子供の場合
　　⑤　嬰子（女児は嬰女）　　　　　　乳幼児の場合

(2)　戒名は、葬儀に必要なものですから、一般の信士または信女とする場合には特別のお布施をしませんが、上位の格付けの名称を希望する場合は値段はないものの、寺によっては相当多額の金額を要求する場合があります。格付けの高い戒名を付けて貰った場合は、葬儀の際の僧侶の人数やお布施の金額、後日の法要の際のお布施の金額も高額になりますから、残された遺族には末代まで大きな負担を強いることになりますから、注意が必要です。

第4章 葬儀は、どのようにするのですか

Q27 法要は、どのようにするのですか

A27

1 法要とは

(1) 法要とは、故人を追悼供養する仏教の行事をいいます。仏教の法要は、一般に次の通り行うこととされていますが、菩提寺が遠隔地にある場合やその他の事情によっては主なものしか行わない場合があります。

> ① 初七日（死亡した日から7日目。葬儀の日に行うことも多い）
> ② 二七日（死亡してから14日目）
> ③ 三七日（死亡してから21日目）
> ④ 四七日（死亡してから28日目）
> ⑤ 五七日（死亡してから35日目）
> ⑥ 六七日（死亡してから42日目）
> ⑦ 七七日（死亡してから49日目。満中陰）

(2) 七七日法要（四十九日の満中陰の法要）の後の法要は、次のように行われます。ただ、実際には、一周忌法要と三回忌法要の後は行わない場合もあります。

> ① 百ケ日法要
> ② 一周忌法要
> ③ 三回忌法要
> ④ 七回忌法要
> ⑤ 十三回忌法要
> ⑥ 十七回忌法要
> ⑦ 二十五回忌法要
> ⑧ 三十三回忌法要
> ⑨ 五十回忌法要

2 年忌法要

(1) 年忌法要は、祥月命日（故人の死亡した月日と同じ月日）に行うのが最良ですが、平日の場合には参加しにくいので、繰り上げて土曜や日曜に行う場合もあります。命日より繰り下げて行わないのがしきたりになっています。法要の日程を決める場合は、必ず僧侶の都合を聞いておきます。法要の日程は、できるだけ早めに決めます。

(2) 年忌法要は、一般に寺院または自宅で行います。僧侶の読経の後に墓に線香を手向けますから、寺院のほうが便利だといえます。大きい寺院の場合には、法要の後の会食の精進料理を準備できる場合もあります。

(3) 寺院の場合でも自宅の場合でも、施主（法要の主宰者で一般に喪主であった者）は、僧侶へのお布施（僧侶へのお礼）を準備しておきます。自宅で行う場合には、僧侶の送迎についても確認しておきます。施主側で送迎をしない場合には、御車代を準備しておきます。僧侶が会食に出席できない場合は、御膳料を準備しておきます。

第4章　葬儀は、どのようにするのですか

Q28 お墓がない場合は、どうするのですか

A28

1　お墓とは

（1）　お墓については「墓地、埋葬等に関する法律」に定められていますが、この法律では、お墓のことを「墳墓」といい、「墳墓とは、死体を埋葬し、又は焼骨を埋蔵する施設をいう」とされています。「埋葬」とは、死体（妊娠4か月以上の死胎を含む）を土中に葬ること、つまり、土葬にする場合をいいます。「焼骨を埋蔵する」とは、火葬した場合をいいます。「墓地、埋葬等に関する法律」では、土葬（埋葬）は墓地以外の区域で行ってはならないとされていますが、自治体によっては墓地であっても条例で土葬可能区域を限定している場合がありますし、公営墓地（自治体経営の墓地）では一般に条例で土葬は禁止しています。

（2）　「墓地」とは、墳墓を設けるために、墓地として都道府県知事の許可を受けた区域をいいますから、自宅の庭や自分所有の農地を墓地としてお墓を作ることはできません。しかし、自宅内に遺骨を安置する場合は、墓地を作るのではありませんから自由にすることができます。

（3）　墓地を経営する場合は、都道府県知事の許可を受ける必要がありますが、実際に許可される経営主体は、①地方自治体、②宗教法人（お寺その他）、③公益法人に限られています。株式会社のような営利を目的とする法人には許可されません。

2　墓地の種類と特徴

（1）　墓地の種類には、大別すると、次のものがあります。
　　①　地方自治体の経営する「公営墓地」
　　②　お寺その他の宗教法人の経営する「寺院墓地」
　　③　公益法人の経営する「民営墓地」

そのほか、地域によっては昔からの集落で持っている④村落共同体墓地があります。

(2) 公営墓地・寺院墓地・民営墓地を問わず、墓地は購入する（土地の所有権を取得する）ということはなく、単に「**永代使用権**」を取得するという契約をするだけです。永代使用権とは、永代にわたって墓地を使用することのできる権利をいいます。公営墓地の場合は行政機関の使用許可という形式がとられますが、許可により永代使用権を取得したものと考えられます。

(3) **公営墓地の特徴**は、①永代使用料や年間管理料が安い、②宗教に制約がない、③経営主体に信頼がおけるといった長所がありますが、一方、①競争倍率が高くて容易に入手できない、②申込の資格が厳格に定められている（例えば、祭祀承継者に限定するとか、現に遺骨を保有している場合に限定する）、③募集回数が少ない、④供給数が少ない、⑤自治体により使用許可条件が異なるといった短所があります。

公営墓地では、自治体によっては1使用区画に複数の墓碑の設置を認めたり、1基の墓碑に複数の家名（例えば、甲家の墓、乙家の墓）を刻むことを認めている場合もあります。公営墓地の供給数が少ないことから、今後は、こうした運用を認める必要があります。

(4) **寺院墓地の特徴**は、①交通の便のよい場所が多い、②経営主体が信頼できる場合が多い、③僧侶がいるので法要その他に便利といった長所がありますが、一方、①檀家にならないと永代使用権が得られない、②宗教に制約がある、③長男であることその他の資格制限をする場合もある、④寄付を求められる場合が多い、⑤供給数が少ないといった短所があります。

(5) **民営墓地の特徴**は、①供給数が多い、②宗教に制約がない場合が多い、③資格制限が少なく入手しやすいといった長所がありますが、一方、①永代使用料や年間管理料が高い場合が多い、②経営主体が倒産する場合もある、③交通の便の悪い場所が多い、④墓石の注文先を指定している場合もあるといった短所があります。

第4章　葬儀は、どのようにするのですか

3　墓地を準備しない場合

(1)　墓地を準備しない場合は、身内の遺骨（焼骨）を次のようにする人もいます。
　① 自宅内に適当な容器に入れた遺骨を安置しておく（手元供養）
　② 納骨堂に収蔵する（納骨堂とは、他人の委託を受けて焼骨を収蔵するために納骨堂として都道府県知事の許可を受けた施設をいいます）
　③ 海などに散骨する
　④ 樹木葬にする（寺や墓地の樹木の下に埋蔵する）

(2)　自宅内に適当な容器に入れた遺骨を安置しておく手元供養は、他人の委託を受けて焼骨を収蔵するのではありませんから、法律上、何の問題もありません。

(3)　納骨堂に収蔵するには、火葬場で交付される火葬許可証が必要になります。納骨堂とは、遺体や遺骨を埋葬し埋蔵する墓地とは異なり、遺骨を預かって保管する施設をいいます。墓地と同じようにお寺が檀家のために経営する場合もありますが、宗派を問わない納骨堂もあります。

(4)　散骨とは、遺骨を粉末にして海や山に撒くことをいいますが、自然葬ともいいます。かつては、遺骨を埋葬せずに捨てたりすると、刑法190条の遺骨遺棄罪に当たり、「墓地、埋葬等に関する法律」4条1項の遺骨を墓地以外の区域に埋蔵してはならないとする規定に違反するという議論がありましたが、現在では、葬送のための祭祀で節度をもって葬法の一つとして行われる限り問題ではないと解されています。

(5)　樹木葬とは、墓地に墓石を作らずに墓石に代えて樹木を植える形式をいいます。遺骨（焼骨）をさらしに包むなどして樹木の根元に埋めます。複数の遺骨を埋める場合もあります。

第5章
老後の介護保険の制度は、どのようになっていますか

Q29
老後の介護保険の仕組みは、どのようになっていますか

A29

1　介護保険の制度とは

(1)　介護保険の制度は、老後の不安要因の一つである介護を社会全体で支える制度として平成12年度（2000年度）から実施されています。この制度は、高齢者の加齢に伴って生じる心身の変化が原因となる病気によって介護を必要とする状態となり、入浴・排泄・食事などの介護、機能訓練、看護・療養上の管理その他の医療を必要とする者について、これらの者が尊厳を保持し、その能力に応じ自立した日常生活を営むことができるよう、保健医療サービスや福祉サービスの給付を行う制度なのです。

(2)　介護保険制度を運営する主体（保険者）は、市町村と特別区（東京都の23区）となっていますが、小さい自治体では単独で運営することが困難なことから、行政区域を超えて広域連合や事務組合によって運営している場合があります。介護保険の財政は、介護保険料と公費（税金）で各2分の1を負担することになっています。

(3)　介護保険の**被保険者**（加入者）は、次の2種類に分けられています。

> ①　第1号被保険者……65歳以上の者
> ②　第2号被保険者……40歳以上65歳未満の医療保険制度の加入者

第 5 章　老後の介護保険の制度は、どのようになっていますか

　ただ、第 2 号被保険者では、脳血管疾患、初老期の認知証、骨折を伴う骨粗鬆症、関節リウマチなどの特定の疾病の場合にのみ介護保険のサービスが受けられます。被保険者証は、第 1 号被保険者では 65 歳に達した時に交付されますが、第 2 号被保険者では要介護・要支援の認定を受けた者と交付申請をした者にだけ交付されます。

⑷　介護保険の保険料は、介護保険の第 1 号被保険者では国の定めた計算方法に従って各保険者（市町村や特別区）ごとに独自に決めますから、住所地によって金額が異なります。第 2 号被保険者の場合は、医療保険（健康保険）の保険料に応じて計算されて医療保険の保険料と併せて徴収されます。この場合の保険料は住所地による金額の差はありません。

⑸　第 1 号被保険者の介護保険料の納め方には、①特別徴収（年金からの天引き）と②普通徴収（納付書や口座振替による納付）とがあります。老齢等の年金額が年額 18 万円以上の者は特別徴収となり、年額 18 万円未満の者は普通徴収となります。保険料を滞納した場合は、滞納期間に応じて保険給付が制限されます。第 2 号被保険者の介護保険料は、健康保険の保険料と合わせて給与から天引きされて納付されます。

2　介護保険のサービス（給付）を受けるには

⑴　介護保険のサービス（給付）を受けるには、医療保険（健康保険）の場合とは異なり、サービスを利用する前に保険者（自治体）に対して介護や支援を要する程度の「認定」の申請を行う必要があります。認定申請書の提出後に、保険者による「認定調査」を受けて介護や支援を要すると認定された場合には「認定通知書」が送付されます。認定通知書の認定結果には、①介護給付のサービスとしての「要介護 1 から 5」の 5 区分のいずれか、又は、②予防給付のサービスとしての「要支援 1 又は 2」の 2 区分のいずれかの合計 7 区分のいずれかの区分が通知されます。要支援とは介護までは必要としないという認定であり 2 の認定のほうが重く、要介護の認定は 5 が最も重い状態となっています。7 区分のいずれにも該当しないと判定された場合には、自立できるとして介護保険のサービスを受けることはできません。

Q29 老後の介護保険の仕組みは、どのようになっていますか

(2) 介護保険のサービス（給付）は、介護保険の被保険者（加入者）が次の「要支援」の1若しくは2の状態、又は、「要介護」の1から5のいずれかの状態になった場合に必要な介護保険のサービスを行うこととしています。次の7区分のうち、どの区分に該当するかは、保険者が、認定調査の結果をもとに判断することになります。

①　要支援1　　日常生活上の基本動作は、ほぼ自分で行うことが可能であるが、日常生活動作の介助や現在の状態の悪化の防止により要介護状態になることの予防に資するよう手段的日常生活動作（食事の支度、掃除、買い物など）について何らかの支援を要する状態
②　要支援2　　要支援1の状態から、手段的日常生活動作を行う能力が僅かに低下し、何らかの支援が必要となる状態
③　要介護1　　要支援2の状態から、手段的日常生活動作を行う能力が一部低下し、部分的な介護が必要となる状態
④　要介護2　　要介護1の状態に加え、日常生活動作についても部分的な介護が必要となる状態
⑤　要介護3　　要介護2の状態と比較して、日常生活動作と手段的日常生活動作の両方の観点からも著しく低下し、ほぼ全面的な介護が必要となる状態
⑥　要介護4　　要介護3の状態に加え、さらに動作能力が低下し、介護なしには日常生活を営むことが困難となる状態
⑦　要介護5　　要介護4の状態よりさらに動作能力が低下しており、介護なしには日常生活を行うことがほぼ不可能な状態

(3) 介護保険のサービスの利用者の費用負担は1割で、9割は保険者から介護事業者に直接支払われます。在宅サービス利用の利用限度額は要支援・要介護の状態により次のようになっています。

第5章　老後の介護保険の制度は、どのようになっていますか

【在宅サービスの利用限度額】

要支援1	49,700 円
要支援2	104,000 円
要介護1	165,800 円
要介護2	194,800 円
要介護3	267,500 円
要介護4	306,000 円
要介護5	358,300 円

　施設サービス（介護老人福祉施設・介護老人保健施設・介護療養型医療施設の3種類の施設の利用）は要支援者では利用できず、利用できる者は要介護1ないし5のいずれかに認定された者に限られます。その施設利用料の限度額は要介護1ないし5の状態ごとに定められていますが、この場合も利用者の費用負担は1割です。

(4)　介護保険のサービス（給付）は、大別すると次の通りとなります。
　①　在宅サービス（訪問サービス、通所サービス、福祉用具貸与、その他）
　②　施設サービス（介護老人福祉施設、介護老人保健施設等への入所）
　③　地域密着型サービス（夜間対応型訪問介護、認知症対応型通所介護、その他）
　④　上記①③の介護予防サービス

(5)　介護保険の第1号被保険者（65歳以上の者）の場合は、要支援又は要介護の状態になった原因は問いませんが、第2号被保険者（40歳以上65歳未満の被保険者）の場合には、次の特定疾病によって支援や介護を要する状態と認定された場合に限り、介護保険のサービスを受けることができます。

【第2号被保険者が受けられる介護保険認定】
　①　関節リウマチ
　②　筋委縮性側索硬化症
　③　後縦靭帯骨化症
　④　骨折を伴う骨粗鬆症
　⑤　初老期における認知症
　⑥　進行性核上性麻痺、大脳皮質基底核変性症、パーキンソン病

⑦　脊髄小脳変性症
⑧　脊柱管狭窄症
⑨　早老症
⑩　多系統委縮症
⑪　糖尿病性神経障害、糖尿病性腎症、糖尿病性網膜症
⑫　脳血管疾患
⑬　閉塞性動脈硬化症
⑭　慢性閉塞性肺疾患
⑮　両側の膝関節又は股関節に著しい変形を伴う変形性関節症
⑯　末期がん（医師が一般的に認められている医学的知見に基づき回復の見込みがない状態に至ったと判断したものに限る）

第5章 老後の介護保険の制度は、どのようになっていますか

Q30
老後の介護保険を利用する手続は、どのようにするのですか

A30

1 介護保険の認定申請書の提出

(1) 介護保険を利用しようとする場合は、医療保険（健康保険）の場合とは異なり、事前に介護保険の被保険者（制度を利用しようとする者）から保険者（自治体）に対して「要介護」又は「要支援」の程度についての認定の申請をする必要があります。保険者に対して認定申請書を提出した後、1か月以内に認定の結果が通知されます。

(2) 介護保険の要介護又は要支援についての認定の申請は、原則として被保険者本人から申請しますが、本人が重度の障害その他の理由で申請することができない場合には、次の者からでも申請をすることができます。本人から委任された場合は、代理人として申請をしますが、実務上、委任状の添付は不要です。代行（代わって行うこと）も次の②から⑥には認められています。

【介護保険の認定申請者】
① 本人の家族（家族の範囲についての明文の規定はありませんから、実務上、広く認めています。民法上の代理となります）
② 指定居宅介護支援事業者（法定の代行者）
③ 指定介護老人福祉施設（法定の代行者）
④ 介護老人保健施設（法定の代行者）
⑤ 指定介護療養型医療施設（法定の代行者）
⑥ 地域包括支援センター（法定の代行者）
⑦ 本人の成年後見人・保佐人・補助人（法定代理人）
⑧ 民生委員（明文の規定はありませんが、民法上の代理となります）
⑨ 社会保険労務士（社会保険労務士法に基づく代行）

(3) 介護保険の要介護・要支援の認定申請書の用紙は、保険者（自治体）の

Q30 老後の介護保険を利用する手続は、どのようにするのですか

介護保険担当課の窓口で無料で交付を受けられます。この用紙は、①新規の要介護認定申請、②新規の要支援認定申請、③更新の要介護認定申請、④更新の要支援認定申請の各申請に共通に使用します。認定申請書は、保険者の介護保険担当課へ提出します。

(4) 新規の認定の有効期間は、認定申請書の提出された日から6か月とされます。有効期間の更新をする場合は、有効期間満了日の60日前から更新の認定申請をすることができます。認定結果の通知書が発送されるまでの期間は、認定申請書の提出日から原則として1か月以内です。更新された場合の有効期間は、原則として12か月（最大24か月）とされます。

(5) **介護保険の認定申請書**の用紙に記入する主な事項は、次の通りです。
  ① 申請年月日（認定申請書の提出日）
  ② 申請者の氏名と被保険者との関係（例えば、長男）
  ③ 申請者の住所と電話番号（申請者が被保険者の場合は記入不要）
  ④ 提出代行者の名称（代行により提出する場合に記入）
  ⑤ 被保険者番号（介護保険被保険者証の番号）
  ⑥ 被保険者の氏名・生年月日・性別・住所・電話番号
  ⑦ 更新申請の場合は前回の認定結果
  ⑧ 介護保険施設への入所の有無
  ⑨ 主治医の氏名、医療機関の名称・所在地・電話番号
  ⑩ 第2号被保険者の場合は、医療保険者名・特定疾病名・被保険者番号
  ⑪ 記載事項が介護サービス計画の作成で開示されることの被保険者の同意（本人の署名・押印が不可能の場合は家族が代筆し本人の印鑑の押印をする）

(6) 介護保険の認定申請書には次の書類を添付します。
  ① **介護保険被保険者証**
    (a) 第1号被保険者（65歳以上の者）は65歳に達した時に送付されていますから、それを添付します。
    (b) 第2号被保険者で介護保険被保険者証の交付を受けていない場合は医療保険の被保険者証を提示します。

第5章　老後の介護保険の制度は、どのようになっていますか

② 主治医（かかりつけの医師）の意見書
(a) 主治医の意見書の用紙は、保険者（役場の介護保険担当課）で無料で交付を受けられます。主治医がいない場合は、保険者の介護保険担当課の指定する医師に意見書を作成してもらいます。
(b) 主治医の意見書の作成費用は、保険者が負担しますから、被保険者が支払う必要はありません。ただ、作成に際して診療や検査を受けた場合は、医療として健康保険制度に定められた金額を支払うことになります。
(c) 主治医の意見書は医師が封筒に入れて封印をしますから、開封してはなりません。開封した場合は意見書が無効になります。

2　介護保険の認定の手続の流れ

【要介護認定の流れ】

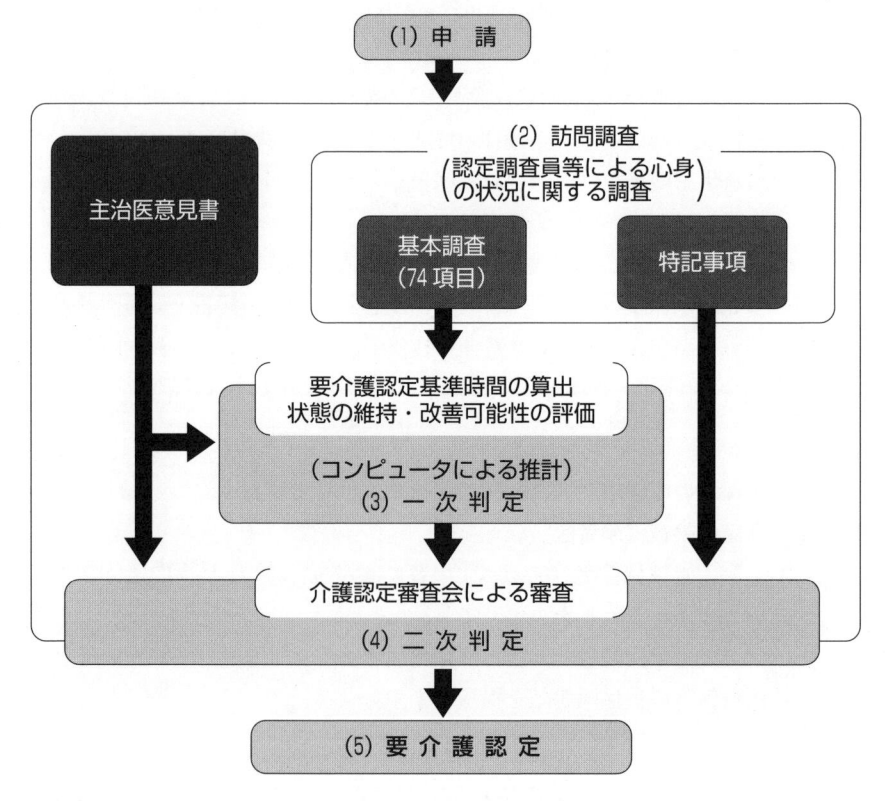

(1) 申　請
　↓
(2) 訪問調査
（認定調査員等による心身の状況に関する調査）
- 基本調査（74項目）
- 特記事項

主治医意見書

要介護認定基準時間の算出
状態の維持・改善可能性の評価
（コンピュータによる推計）
(3) 一次判定

介護認定審査会による審査
(4) 二次判定

(5) 要介護認定

Q30　老後の介護保険を利用する手続は、どのようにするのですか

(1) **申請**　　介護保険の認定申請書を保険者に提出します
① **介護保険の認定申請書に主治医の意見書と介護保険被保険者証**を添付して保険者の介護保険担当課へ提出します。提出は、郵送でも差支えありません。
② 認定申請書の提出は、一定の者に代行してもらうことができます。

(2) **訪問調査**（認定調査）が実施されます
① 保険者の職員または委託を受けた調査員が被保険者本人と直接面接して心身の状況などについて聞き取り調査を行います。
② 訪問調査は、認定申請書の提出後、1～2週間以内に行われます。訪問調査の場所は自宅のほか、入院中の場合は病院で行います。

(3) **一次判定**が実施されます
① 訪問調査の結果をもとにコンピュータによる一次判定を行います。
② 一次判定の結果に主治医の意見書や調査員の特記事項を添えて「**介護認定審査会**」へ送付します。

(4) **二次判定**（介護認定審査会の判定）が実施されます
① 一次判定の結果と主治医の意見書や調査員の特記事項などをもとに、要介護状態か又は要支援状態かを医療・保健・福祉に関する専門家で構成された「介護認定審査会」で総合的に判断します。
② 認定の結果は実際には最終的に「介護認定審査会」で決定されますが、市町村長による行政処分（公権力の行使）として市町村長から申請者に**認定結果が通知**されます。
③ 認定の結果は、次のいずれかの区分に分けられます。
　ア　要介護1ないし5のいずれか
　イ　要支援1又は2
　ウ　非該当（自立できるとして制度の利用はできない）

(5) **要介護認定**　　市町村長による認定の決定と被保険者への通知がなされます
① 市町村長は、認定結果を記載した「介護保険　要介護・要支援認定等結果通知書」を被保険者本人又は申請者に郵送して通知をします。認定結果の通知は、認定申請書を提出した後、原則として1か月以内に行わ

第5章　老後の介護保険の制度は、どのようになっていますか

　　れます。
　②　認定の結果に不服がある場合は、都道府県の「介護保険審査会」に対して「審査請求書」を提出して不服申立をすることができます。しかし、この審査には時間がかかりますし、訪問調査の結果が誤っている場合もあることから、仮に審査請求をした場合でも、再度の認定申請書を提出して再度の認定調査を受けるのが無難です。

3　訪問調査（認定調査）を受ける際の注意事項

（1）　訪問調査を受ける場合は、家族が同席することが大切です。特に被保険者本人に認知症の症状がある場合は、必ず家族が立ち会う必要があります。初期の認知症の場合では、面接調査員との会話は一見すると普通にできているように見える場合がありますが、一般に正確な記憶や判断はできていませんから、本人の回答に誤りのある場合は、家族がその誤りを指摘して調査票の訂正をしてもらいます。面接調査員が、認定調査票（3種類）の用紙に記入した場合でも、持参したパソコンに入力した場合でも、記入済又は入力済の認定調査票の全部を見せてもらって誤りのある場合は訂正をしてもらいます。

（2）　家族は、認定調査票（3種類）の内容を事前によく読んでおく必要があります。保険者の介護保険担当課で認定調査票のコピーをもらいますが、見せない場合やコピーの交付をしない場合は、各自治体の情報公開条例を利用して公開請求をします。この場合には公開までに半月程度を要するほか、コピー代として1枚10円が必要になります。

（3）　家族は「介護日誌」をつけておくと面接調査員への説明がしやすくなります。特に被保険者が認知症の場合には、どのようなことがあったのかを「介護日誌」に書いておき、面接調査員に見せて認定調査票の特記事項に記載してもらいます。

（4）　認定調査のポイントは、被保険者本人が他人の介助なしに「自立」して生活することができるかどうかがポイントとなります。同居の家族の中に介護をすることができる人がいたとしても、そのような事情は介護保険の認定とは無関係なのです。

Q31 介護保険のサービス内容と利用料金は、どのようになっていますか

A31

1 介護老人福祉施設のサービス内容と利用料金

(1) **介護老人福祉施設**とは、老人福祉法に規定する特別養護老人ホームのうち入所定員が30人以上の施設で、入所する要介護者に対し入浴・排泄・食事などの介護その他の日常生活上の世話、機能訓練、健康管理、療養上の世話を行うことを目的とする施設をいいます。常時介護が必要で居宅での生活が困難な者が入所します。

(2) 介護老人福祉施設（特別養護老人ホーム）に**入所を希望する場合**には、施設に直接申し込みをして利用者と施設との間で利用契約を締結します。この施設を利用することができる者は、要介護1ないし5にいずれかに判定された者に限られます。要支援1・2と判定された者は利用することはできません。

(3) **介護老人福祉施設**のサービスの1か月（30日）当たりの利用料金は次の通りですが、利用者はこれらの金額の1割を負担します。ただし、別に食費や居住費の自己負担があります。次の金額は、多床室（2人以上の部屋）の利用料金で、（　）カッコ内はユニット型個室の場合の利用料金です。

【介護老人福祉施設の利用料金】
① 要介護1の場合　　189,000円　　（197,700円）
② 要介護2の場合　　209,700円　　（218,700円）
③ 要介護3の場合　　231,000円　　（240,600円）
④ 要介護4の場合　　251,700円　　（261,600円）
⑤ 要介護5の場合　　272,100円　　（282,300円）

第5章 老後の介護保険の制度は、どのようになっていますか

2 介護老人保健施設のサービス内容と利用料金

(1) 介護老人保健施設とは、状態が安定している者が在宅復帰ができるようにリハビリテーションを中心としたケアを行う施設をいいます。

(2) 介護老人保健施設に入所を希望する場合には、施設に直接申し込みをして利用者と施設との間で利用契約を締結します。この施設を利用することができる者は、要介護1ないし5にいずれかに判定された者に限られます。要支援1・2と判定された者は利用することはできません。

(3) 介護老人保健施設のサービスの1か月（30日）当たりの利用料金は次の通りですが、利用者はこれらの金額の1割を負担します。ただし、別に食費や居住費の自己負担があります。次の金額は、多床室（2人以上の部屋）の利用料金です。

【介護老人保健施設の利用料金】
① 要介護1の場合　　235,800円
② 要介護2の場合　　250,200円
③ 要介護3の場合　　269,100円
④ 要介護4の場合　　285,000円
⑤ 要介護5の場合　　300,900円

3 介護療養型医療施設のサービス内容と利用料金

(1) 介護療養型医療施設とは、急性期の治療を終え、長期の療養を必要とする者のための医療施設をいいます。

(2) 介護療養型医療施設に入所を希望する場合には、施設に直接申し込みをして利用者と施設との間で利用契約を締結します。この施設を利用することができる者は、要介護1ないし5にいずれかに判定された者に限られます。要支援1・2と判定された者は利用することはできません。

Q31 介護保険のサービス内容と利用料金は、どのようになっていますか

(3) **介護療養型医療施設**のサービスの1か月（30日）当たりの利用料金は次の通りですが、利用者はこれらの金額の1割を負担します。ただし、別に食費や居住費の自己負担があります。次の金額は、多床室（2人以上の部屋）の利用料金です。

【介護療養型医療施設の利用料金】
① 要介護1の場合　　233,700円
② 要介護2の場合　　266,100円
③ 要介護3の場合　　336,000円
④ 要介護4の場合　　365,700円
⑤ 要介護5の場合　　392,700円

4　居宅サービスの「訪問介護」のサービス内容と利用料金

(1) 訪問介護では、ホームヘルパー（訪問介護員）が居宅を訪問し、入浴・排泄・食事などの身体介護や通院などのための乗降車介助を行います。要支援と判定された者では、介護予防訪問介護のサービスが受けられます。

(2) このサービスを利用する場合には、市町村の指定した居宅介護支援事業者の介護支援専門員（ケアマネージャー）に居宅サービス計画（ケアプラン）を事前に作成してもらう必要があります。要支援と判定された者は、市町村の設置した地域包括支援センターが介護予防サービス計画を作成します。利用者は、サービス計画に基づいて事業者と契約してサービスを受けます。

(3) サービス計画に基づく利用料金の例は次の通りですが、利用者はこれらの金額の1割を負担します。

【訪問介護サービスの利用料金】
(a) 要介護1～5　身体介護中心の30分以上60分未満の場合　4,020円
　　　　　　　　生活援助中心で45分以上の場合　　　　　2,350円
　　　　　　　　通院などの乗降車介助　　1回につき1,000円
(b) 要支援1・2　週1回程度の利用で1か月12,200円（定額）

5　居宅サービスの「訪問入浴介護」のサービス内容と利用料金

⑴　訪問入浴介護とは、居宅を訪問し浴槽を提供して行われる入浴の介護をいいます。要支援と判定された者では、介護予防訪問入浴介護のサービスが受けられます。

⑵　このサービスを利用する場合にも、上記4の訪問介護の場合と同様に居宅サービス計画（ケアプラン）を事前に作成してもらう必要があります。利用者は、サービス計画に基づいて事業者と契約してサービスを受けます。

⑶　サービス計画に基づく利用料金の例は次の通りですが、利用者はこれらの金額の1割を負担します。

【訪問入浴介護の利用料金】
　(a)　要介護1～5　　1回につき、12,500円
　(b)　要支援1・2　　1回につき、8,540円

6　居宅サービスの「訪問看護」のサービス内容と利用料金

⑴　訪問看護では、病気を抱えている者について看護師が居宅を訪問して療養上の世話や診療の補助を行います。要支援と判定された者では、介護予防訪問看護のサービスが受けられます。

⑵　このサービスを利用する場合にも、上記4の訪問介護の場合と同様に居宅サービス計画（ケアプラン）を事前に作成してもらう必要があります。利用者は、サービス計画に基づいて事業者と契約してサービスを受けます。

⑶　サービス計画に基づく利用料金の例は次の通りですが、利用者はこれらの金額の1割を負担します。

　要介護1～5、要支援1・2とも、利用時間が30分以上60分未満の場合は、5,500円から8,300円（事業者によって異なります）

7　居宅サービスの「訪問リハビリテーション」のサービス内容と利用料金

（1）　訪問リハビリテーションでは、居宅での日常生活の自立を助けるために理学療法士などが訪問してリハビリテーションを行います。要支援と判定された者では、介護予防訪問リハビリテーションのサービスが受けられます。

（2）　このサービスを利用する場合にも、上記4の訪問介護の場合と同様に居宅サービス計画（ケアプラン）を事前に作成してもらう必要があります。利用者は、サービス計画に基づいて事業者と契約してサービスを受けます。

（3）　サービス計画に基づく利用料金は次の通りですが、利用者はこの金額の1割を負担します。

　　　要介護1～5、要支援1・2とも、1回につき、3,050円

8　居宅サービスの「居宅療養管理指導」のサービス内容と利用料金

（1）　居宅療養管理指導では、医師、歯科医師、薬剤師などが居宅を訪問して、療養上の管理や指導を行います。要支援と判定された者では、介護予防居宅療養管理指導のサービスが受けられます。

（2）　このサービスを利用する場合にも、上記4の訪問介護の場合と同様に居宅サービス計画（ケアプラン）を事前に作成してもらう必要があります。利用者は、サービス計画に基づいて事業者と契約してサービスを受けます。

（3）　サービス計画に基づく利用料金は次の通りですが、利用者はこれらの金額の1割を負担します。

　　　要介護1～5、要支援1・2とも、1回につき、2,610円から5,500円（医師、歯科医師、薬剤師などの職種によって異なります）

9　居宅サービスの「通所介護」のサービス内容と利用料金

（1）　通所介護（デイサービス）では、デイサービスセンターなどで食事・入浴などの日常生活上の支援や機能訓練のための支援を日帰りで行います。要支援と判定された者では、介護予防通所介護のサービスが受けられます。

（2）　このサービスを利用する場合にも、上記4の訪問介護の場合と同様に居宅サービス計画（ケアプラン）を事前に作成してもらう必要があります。利用者は、サービス計画に基づいて事業者と契約してサービスを受けます。

（3）　サービス計画に基づく利用料金の例は次の通りですが、利用者はこれらの金額の1割を負担します。次の要介護の場合の料金は、通常規模の施設において利用時間が5時間以上7時間未満で入浴介護を含む場合です。

【デイサービスの利用料金】
　①　要介護1の場合　　　6,520円
　②　要介護2の場合　　　7,580円
　③　要介護3の場合　　　8,640円
　④　要介護4の場合　　　9,700円
　⑤　要介護5の場合　　　10,760円
要支援の場合は、1か月当たりの利用料金が次の通りとなります。
　⑥　要支援1の場合　　　20,990円
　⑦　要支援2の場合　　　42,050円

10　居宅サービスの「通所リハビリテーション」のサービス内容と利用料金

（1）　通所リハビリテーション（デイケア）では、介護老人保健施設、病院などで食事・入浴などの日常生活上の支援やリハビリテーションを日帰りで行います。要支援と判定された者では、介護予防通所リハビリテーションのサービスが受けられます。

(2) このサービスを利用する場合にも、上記4の訪問介護の場合と同様に居宅サービス計画（ケアプラン）を事前に作成してもらう必要があります。利用者は、サービス計画に基づいて事業者と契約してサービスを受けます。

(3) サービス計画に基づく利用料金の例は次の通りですが、利用者はこれらの金額の1割を負担します。次の要介護の場合の料金は、通常規模の施設において利用時間が4時間以上6時間未満で入浴介護を含む場合です。

【通所リハビリテーションの利用料金】
① 要介護1の場合　　5,520円
② 要介護2の場合　　6,600円
③ 要介護3の場合　　7,670円
④ 要介護4の場合　　8,740円
⑤ 要介護5の場合　　9,810円
要支援の場合は、1か月当たりの利用料金が次の通りとなります。
⑥ 要支援1の場合　　24,120円
⑦ 要支援2の場合　　48,280円

11　居宅サービスの「短期入所生活介護」のサービス内容と利用料金

(1) 短期入所生活介護（介護老人福祉施設等へのショートステイ）では、介護老人福祉施設その他の短期入所施設に短期間（通常は1か月以内）入所し、入浴・排泄・食事などの日常生活上の世話や機能訓練を行います。要支援と判定された者では、介護予防短期入所生活介護のサービスが受けられます。

(2) このサービスを利用する場合にも、上記4の訪問介護の場合と同様に居宅サービス計画（ケアプラン）を事前に作成してもらう必要があります。利用者は、サービス計画に基づいて事業者と契約してサービスを受けます。

(3) サービス計画に基づく利用料金の例は次の通りですが、利用者はこれらの金額の1割を負担します。次の利用料金は、併設多床室の1日当たりの料金です。

【ショートステイの利用料金】
　① 要介護1の場合　　6,820 円
　② 要介護2の場合　　7,510 円
　③ 要介護3の場合　　8,220 円
　④ 要介護4の場合　　8,910 円
　⑤ 要介護5の場合　　9,590 円
　⑥ 要支援1の場合　　4,990 円
　⑦ 要支援2の場合　　6,140 円

12　居宅サービスの「短期入所療養介護」のサービス内容と利用料金

(1)　短期入所療養介護（介護老人保健施設等へのショートステイ）では、介護老人保健施設その他の短期入所施設に短期間（通常は1か月以内）入所し、看護、医学的管理の下での介護、機能訓練を行います。要支援と判定された者では、介護予防短期入所療養介護のサービスが受けられます。

(2)　このサービスを利用する場合にも、上記4の訪問介護の場合と同様に居宅サービス計画（ケアプラン）を事前に作成してもらう必要があります。利用者は、サービス計画に基づいて事業者と契約してサービスを受けます。

(3)　サービス計画に基づく利用料金の例は次の通りですが、利用者はこれらの金額の1割を負担します。次の利用料金は、介護老人保健施設の多床室の1日当たりの料金です。

【療養型ショートステイの利用料金】
　① 要介護1の場合　　8,260 円
　② 要介護2の場合　　8,740 円
　③ 要介護3の場合　　9,370 円
　④ 要介護4の場合　　9,900 円
　⑤ 要介護5の場合　　10,430 円
　⑥ 要支援1の場合　　6,120 円
　⑦ 要支援2の場合　　7,660 円

13　居宅サービスの「特定施設入居者生活介護」のサービス内容と利用料金

(1)　特定施設入居者生活介護では、有料老人ホーム、ケアハウスなどに入居している高齢者に入浴・排泄・食事などの介護や日常生活上の世話を行います。要支援と判定された者では、介護予防特定施設入居者生活介護のサービスが受けられます。

(2)　このサービスを利用する場合にも、上記4の訪問介護の場合と同様に居宅サービス計画（ケアプラン）を事前に作成してもらう必要があります。利用者は、サービス計画に基づいて事業者と契約してサービスを受けます。

(3)　サービス計画に基づく利用料金の例は次の通りですが、利用者はこれらの金額の1割を負担します。次の利用料金は、1日当たりの料金です。

【特定施設入居者生活介護の利用料金】
① 要介護1の場合　　5,600円
② 要介護2の場合　　6,280円
③ 要介護3の場合　　7,000円
④ 要介護4の場合　　7,680円
⑤ 要介護5の場合　　8,380円
⑥ 要支援1の場合　　1,960円
⑦ 要支援2の場合　　4,530円

14　居宅サービスの「福祉用具貸与」のサービス内容と利用料金

(1)　福祉用具貸与では、車いす、特殊寝台、床ずれ防止用具、体位変換器、歩行器、歩行補助杖、認知症老人徘徊感知機器、移動用リフト、自動排泄処理装置などが貸与されます。要支援と判定された者では、介護予防福祉用具貸与のサービスが受けられます。

(2)　このサービスを利用する場合にも、上記4の訪問介護の場合と同様に居宅サービス計画（ケアプラン）の福祉用具サービス計画を事前に作成してもら

う必要があります。利用者は、サービス計画に基づいて事業者と契約してサービスを受けます。

（3）サービス計画に基づく利用料金は、福祉用具の事業者が定める金額となります。

15　居宅サービスの「特定福祉用具販売」のサービス内容と利用料金

（1）特定福祉用具販売では、腰掛便座、入浴補助用具、自動排泄処理装置の交換可能部品、簡易浴槽などを販売します。要支援と判定された者では、介護予防特定福祉用具販売のサービスが受けられます。

（2）このサービスを利用する場合にも、上記4の訪問介護の場合と同様に居宅サービス計画（ケアプラン）を事前に作成してもらう必要があります。利用者は、サービス計画に基づいて保険者（市町村）の指定する福祉用具販売事業者から購入します。

（3）サービス計画に基づく利用限度額は10万円とされています。これを超える金額は自己負担となります。

16　居宅サービスの「住宅改修費支給」のサービス内容と利用料金

（1）住宅改修費支給では、手すりの取り付け、段差の解消、滑りの防止などのための床材の変更、引き戸などへの扉の取り替え、洋式便器への便器の取り替えなどの住宅改修の費用が支給されます。要支援と判定された者では、介護予防住宅改修費支給のサービスが受けられます。

（2）このサービスを利用する場合にも、上記4の訪問介護の場合と同様に居宅サービス計画（ケアプラン）を事前に作成してもらう必要があります。この場合の利用者は、事前に保険者（市町村）に対する申請が必要です。

（3）サービス計画に基づく利用限度額は20万円とされています。これを超える金額は自己負担となります。

17　居宅サービス計画の作成のサービス内容と利用料金

(1)　居宅サービス計画の作成のサービスでは、介護支援専門員（ケアマネージャー）が利用者に適したサービス利用計画を作成します。要支援と判定された者では、介護予防サービス計画の作成のサービスが受けられます。

(2)　このサービスの費用は、1か月について次の通りとされていますが、利用者の本人負担はありません。

　① 要介護1の場合　　　10,000円
　② 要介護2の場合　　　10,000円
　③ 要介護3の場合　　　13,000円
　④ 要介護4の場合　　　13,000円
　⑤ 要介護5の場合　　　13,000円
　⑥ 要支援1の場合　　　 4,120円
　⑦ 要支援2の場合　　　 4,120円

18　地域密着型サービスの種類

(1)　地域密着型サービスとは、高齢者が住み慣れた自宅や地域での生活が継続できるように身近な生活圏域ごとに提供するサービスをいいます。このサービスは、原則として住所地の市町村以外の市町村にある事業所のサービスは利用することはできません。

(2)　地域密着型サービスの介護サービスとして、要介護1～5の者のための次の8種類のサービスがあります。

　① 夜間対応型訪問介護
　② 認知症対応型通所介護
　③ 小規模多機能型居宅介護
　④ 認知症対応型共同生活介護（グループホーム）
　⑤ 地域密着型特定施設入居者生活介護
　⑥ 地域密着型介護老人福祉施設入居者生活介護
　⑦ 定期巡回・随時対応型訪問介護看護
　⑧ 複合型サービス

第5章　老後の介護保険の制度は、どのようになっていますか

(3)　地域密着型サービスの介護予防サービスとして、要支援1・2の者のための次の3種類のサービスがあります。介護予防サービスの内容は上記の要介護の者のための介護サービスと同様です。
　　①　予防介護認知症対応型通所介護
　　②　予防介護小規模多機能型居宅介護
　　③　予防介護認知症対応型共同生活介護（グループホーム）

第6章
高齢者の病気は、どんな特徴をもっていますか

Q32
老化現象とは、どんなものですか

A32

1 老化とは

(1) 老化とは、加齢による身体機能の変化をいいます。老化現象には、①高齢者の老眼のような誰にでも共通して起きる生理的老化（健常老化）と、②高齢者の動脈硬化のような病的老化があります。

(2) **生理的老化**では、加齢による視力・聴力・筋力の低下、白髪、皮膚のしわ、背中が丸くなるというような誰にでも共通して起きる老化特有の様子が見られますが、その進行は緩慢で特に寿命を縮めるものではありません。生理的老化には、遺伝因子が大きく影響していると考えられています。

(3) **病的老化**には、高脂血症、高血圧症、動脈硬化症、糖尿病のような生活習慣を原因する老化があります。これらの生活習慣病の中には初期に症状が出ないものもありますが、不適切な生活習慣により症状が速く進む場合もあります。病的老化の原因には、食事の取り方（塩分、糖分、脂肪分の過剰摂取その他）、栄養バランス、喫煙習慣、アルコール類の過剰摂取、運動不足、睡眠・休養不足のような生活習慣があります。これらの病的老化は、誰にでも共通して起きる変化ではありません。

(4) 高齢者になるに従い、身体の各生理的機能が年齢とともに直線的に減衰して行き、一般的に70歳になると30歳頃の5割くらいまで低下するとされて

います。ただ、高齢者の場合には個人差が大きいのが特徴です。

2 老化現象の特徴

(1) 老化現象の特徴としては、次のような性質があげられています。
　① すべての人間は老化するという普遍的な性質（**普遍性**）
　② 各人の身体に内在する遺伝因子に影響される性質（**内在性**）
　③ 老化は時間の経過により徐々に進行する性質（**進行性**）
　④ 身体機能を衰退させて有害に作用する性質（**有害性**）

(2) 老化の原因は明確には分かっていませんが、①遺伝因子と②環境因子とが影響しているのではないかと言われています。人間の寿命は、長くても120年程度とされており、動物の種によって寿命は決まっています。犬や猫が100年も生きることはありません。このことから老化は遺伝因子によって決まるとする考え方がありますが、動物も栄養や生活環境により寿命が左右されることもあるので、環境因子も影響すると考えられています。

(3) 老化現象の特徴は、上記に述べた①生理的老化（老眼のような誰にでも共通して起きる変化）と②病的老化（糖尿病や高血圧のような病気を原因とする変化）のほか、次のように③外的老化現象と④内的老化現象に分けることができます。
　③ 外的老化現象とは、高齢者にみられる白髪、シワの多い皮膚、丸くなった背中のような外部から一見して分かる変化をいいます。
　④ 内的老化現象とは、身体の内部の心臓、肝臓、腎臓のような臓器に進行している変化をいいます。

3 老人の知能の特徴

(1) 知能の意味については、さまざまの立場から各種の定義がなされていますが、その主なものに「学習する能力又は経験によって獲得して行く能力」という定義があります。知能の年齢的変化は、一般に発達過程（20歳頃まで）と衰退過程（30歳頃以降）に分けて論じられますが、発達過程も衰退過程も個人差が大きく、年齢的変化を正確に把握することは困難なものの、特に知能の衰退過程の個人差は発達過程に比べて一層大きいとされています。

(2) 知能の年齢変化の研究結果は研究者により異なりますが、おおむね、知能は 20 歳頃に最高に達し、30 歳頃から少しずつ低下し、50 歳頃で最高時の 10% 程度が低下し（16 歳頃に低下し）、60 歳頃では 20% 程度が低下し（12 歳頃に低下し）、70 歳頃で 30% 低下（10 歳頃に低下）すると考えられています。ただし、個人差が大きいうえに、すべての知的機能が一律に低下するのではなく、加齢による知能の低下の大きいものとそうでないものとがあります。

4 老人の記憶の特徴

(1) 記憶力とは、過去に知覚したこと（見たこと、聞いたこと、感じたことのような体験したこと）を思い出したり、新しいことを覚え込む（記銘する）能力をいいますが、高齢になるに従って記憶力が低下して行きます。

(2) 記銘力（記憶の第一段階として経験した事柄を覚え意識の中に定着させる能力）は年齢とともに低下しますが、特に丸暗記のような機械的記憶については 15 歳頃が最高で、20 歳頃から徐々に衰えて行き、65 歳頃からの高齢者では特に新しいことを覚え込む記銘力が急激に低下することになります。

(3) 高齢者になるほど「もの忘れ」が多くなる知能の老化現象が見られますが、これらは老化に伴う通常の知能の低下であり病気ではありませんが、認知症の場合には健康な高齢者とは異なる症状が見られます。認知症とは、脳の後天的な障害により一旦獲得された知能が持続的かつ比較的短期間のうちに低下し日常生活に支障を来すようになることと定義されています。

(4) 健康な高齢者の**もの忘れ**と**認知症**の高齢者のもの忘れは、次のように異なります。
① 健康な高齢者では体験の一部を忘れるのに対して、認知症では体験の全部を忘れます。例えば、健康な高齢者では夕食で食べた物は忘れますが、認知症では夕食を食べたこと自体を忘れます。
② 健康な高齢者の場合は脳の老化によるものですが、認知症の場合は脳の病気によるものです。
③ 健康な高齢者ではもの忘れを自覚していますが、認知症の場合はもの忘れを自覚していません。
④ 健康な高齢者では日常生活に支障を来さないのに対して、認知症の場

第6章 高齢者の病気は、どんな特徴をもっていますか

　　合は日常生活に支障を来し介護を必要とします。
⑤　健康な高齢者ではもの忘れの頻度が増えたとしても進行しませんが、認知症の場合はもの忘れのほかに判断能力の低下へと進行します。

Q33 高齢者には、どんな病気が多いのですか

A33

1 高齢者の病気の特徴

（1） 高齢者の病気の特徴としては、健康な高齢者の老化状態と病気との境界が不明瞭であることがあげられます。例えば、高血圧症とやや高めの境界領域の血圧、認知症と健康な高齢者のもの忘れ、骨そしょう症と骨量減少状態のような病気との境界が不明瞭な場合が多いことです。これらのことから病気の発見が遅れて重篤化したり慢性化することがあり、治療の遅れが身体機能の低下を招くことになります。高齢者は一般に臓器の機能が低下しているため薬の作用・副作用も若年者とは異なります。

（2） 高齢者の身体機能の低下とともに身体を使わないことによる「廃用症候群」が生じやすいのも高齢者の病気の特徴です。例えば、関節では可動域の減少、骨には骨委縮、筋肉にも筋委縮、心臓や肺の機能低下のような現象です。

（3） 廃用症候群の一つに高齢者の寝たきり状態がありますが、高齢者の寝たきりの主な原因には、①脳卒中、②高血圧症、③心臓病、④骨折、⑤関節炎があります。高齢者は病気にかかりやすいので、分かりやすい家庭医学書を備えておくことが大切です。保健同人社発行の「家庭の医学」が参考になります。

2 脳卒中（脳血管障害）

（1） 脳卒中とは、脳の血管が破れて出血したり、詰まったりして、急に倒れて、場合により即死するような病気をいいます。脳卒中は、大別すると次のように分けられます。

　① 頭蓋内出血として、(a)脳出血、(b)くも膜下出血
　② 脳梗塞として、(a)脳血栓、(b)脳塞栓

（2） 脳出血は、高血圧や動脈硬化を原因とする場合が多く症状は急速に進行

します。意識障害を認める場合も多く、急速に昏睡に陥る場合もあります。

(3) くも膜下出血は、激しい頭痛で突然に発症し、多くの場合に嘔気・嘔吐を伴います。

(4) 脳血栓は、脳血管の壁に血栓（血液のかたまり）が付着して血管が詰まってしまうものです。頭痛・めまい・言語障害のような前ぶれのある場合もありますが、発作は夜間睡眠時に多く起こります。症状は意識障害・片麻痺・言語障害が起こります。高齢者に多いのが特徴です。

(5) 脳塞栓は、脳以外の血管（心臓その他）から血栓（血液のかたまり）その他の物質が血流に乗って流れて脳の血管に詰まってしまうものです。症状は脳血栓の場合と同様です。

(6) 脳血管障害には、ほかに①一過性脳虚血発作と②完全回復性脳卒中があります。①一過性脳虚血発作は、脳卒中の症状（意識障害・片麻痺・言語障害など）が数分ないし24時間程度起こるもので、発作の後には症状は消失します。②完全回復性脳卒中は、脳梗塞と同様の症状が出現し、症状が一般に3週間以内に消失します。

3 高血圧症

(1) 血圧とは、心臓から送り出された血液の動脈にかかる圧力をいいます。収縮した心臓から血液が動脈に送り出された時の血圧を最高血圧（収縮期血圧）といい、心臓が拡張し動脈への圧力が小さくなった時の血圧を最低血圧（拡張期血圧）といいます。

(2) 日本高血圧学会の基準によると、正常血圧とされるのは、最低血圧が85mmHg未満で、かつ最高血圧が130mmHg未満とされています。高血圧とされるのは、最低血圧が90mmHg以上又は（及び）最高血圧が140mmHg以上とされています。

(3) 高齢者の血圧は変動しやすく測るたびに血圧の値が異なる場合が多いので、少なくとも1日に3回は測定します。

4 虚血性心疾患

(1) 虚血性心疾患は、心臓表面を取り囲む冠状動脈の動脈硬化が原因となります。これには、①冠状動脈の狭窄に伴う血液不足により生じる狭心症と、②冠状動脈の閉塞による血液停止のもたらす急性心筋梗塞があります。

(2) 狭心症は、心筋の一過性の虚血である酸素不足に陥るために生じる前胸部痛や胸部圧迫感のような狭心痛発作を特徴とします。

(3) 急性心筋梗塞では、心筋の冠状動脈の血液が途絶えたために心筋が壊死して心臓の正常な機能が大きく阻害されることになります。その主な原因は、冠状動脈の動脈硬化にあります。

5 骨粗鬆症（こつそしょうしょう）

(1) 骨粗鬆症とは、骨のカルシウムが減少し体積あたりの骨の量（骨密度）が減少して骨折を起こしやすくなる病気です。加齢とともに発症の頻度が増える病気で特に50歳頃から増えています。

(2) 症状には、腰痛、背痛、圧迫骨折（もろくなった骨が体重を支えきれずに骨折する場合）があり、高齢者では脚の筋肉が衰えることから転倒により脊椎や腰椎の圧迫骨折、大腿骨頚部骨折などを起こしやすく、寝たきりになる場合も多いのです。特徴的な症状としては、①背中が曲がる（円背）、②身長が縮む、③腰痛・背痛があります。

6 白内障

(1) 白内障とは、眼球の前方にあるレンズの役目をする水晶体が濁って不透明になる病気をいいます。多くは加齢とともに水晶体の混濁が増加することによって発症し、太陽の強い紫外線によって混濁が促進されると考えられています。

(2) 白内障の症状は、水晶体の混濁により光が眼底に入る前に散乱されて網膜に像を結ぶ働きが弱くなり、かすんで見えるようになります。水晶体の混濁は周辺部から始まるので初期には自覚症状はなく、一般に左右の視力が同程度に低下します。

7 老人性難聴

(1) 高齢者では特に高い音域の音に対する感度が鈍ります。加齢によって聴覚路の老化現象が起こるからです。内耳の音を受けとめる感覚細胞は20歳台後半から衰え始めて、45歳頃から老化が加速し50歳～60歳頃になると多くの感覚細胞が働かなくなります。

(2) 老人性難聴の特徴は、高音域の音に対する感受性が低くなることですが、加齢に伴う障害であることから個人差が大きく、女性の方が早く進行するとされています。早期に適切な診断を受けて補聴器の使用が有効です。

8 心不全

(1) 心不全とは、心臓のポンプ機能が衰えて必要な血流量（心拍出量）を供給することができなくなった状態をいいます。心不全の原因は多岐にわたりますが、主なものとしては、虚血性心疾患（心筋梗塞・狭心症）、高血圧性心疾患、心臓弁膜症、肺炎があります。心不全の発症率は加齢とともに著しく増加しています。

(2) 心不全の主な症状としては、全身の浮腫（むくみ）、息切れ、呼吸困難、動悸、尿量の減少、全身倦怠感があります。高齢者では日頃の活動性が低いために心不全の自覚症状が現れにくい場合があります。

9 不整脈

(1) 不整脈とは、心臓の収縮のリズム（脈拍のリズム）が乱れた状態をいいます。規則正しい脈拍を「整」といい、それが乱れた場合を「不整」といいます。心臓は1分間に約50回～100回規則的なポンプ活動を行って血液を全身に送り出していますが、このポンプ活動を指令しているのが刺激伝達系で、刺激伝達系に障害が起きた場合や心臓に負担がかかった場合に不整脈が発生します。

(2) 不整脈の原因には、加齢によるもののほか、先天的なもの、生活習慣によるもの、心臓の病気によるものがあります。不整脈には、①脈が速くなるタイプの頻脈性不整脈と②脈が遅くなるタイプの徐脈性不整脈があります。治療

の必要のない不整脈もあります。

10 糖尿病

(1) 糖尿病とは、膵臓で作られるインスリンが不足しているか、その作用が妨げられて血糖値（血液中のブドウ糖濃度）が異常に増加する病気をいいます。インスリンとは、血糖値を下げる働きをするホルモンをいいます。

(2) 糖尿病には、①インスリンの絶対量が不足して起こるインスリン依存糖尿病（Ⅰ型糖尿病）と②遺伝的要素や脂肪・糖分の取り過ぎによるインスリン非依存糖尿病（Ⅱ型糖尿病）とがあります。

(3) 糖尿病の症状は初期の段階では自覚症状のない場合が多く、病気が進行すると、①のどの渇き、②身体のだるさ、③体重の減少、④食欲の亢進、⑤多尿・頻尿といった症状が見られます。三大合併症として、(a)腎症（腎臓の障害）、(b)網膜症（失明の場合もある）、(c)末梢神経障害（痛み・しびれ）があります。

11 高脂血症

(1) 高脂血症とは、血液中の脂肪成分（コレステロールや中性脂肪）の値が異常に高くなった状態をいいます。コレステロールが高い場合を「高コレステロール血症」といい、中性脂肪の高い場合を「高中性脂肪血症」といいます。高脂血症は、高齢者の動脈硬化の主な原因となります。

(2) コレステロールには、①善玉のHDLコレステロールと②悪玉のLDLコレステロールとがあります。①善玉のHDLコレステロール値が高い場合には動脈硬化の進展が阻止され、②悪玉のLDLコレステロール値が高い場合には、動脈硬化が促進されるのです。

(3) 中性脂肪（トリグリセライド）が高い場合には、高血圧症や糖尿病の合併症を起こしやすくなります。血液中の中性脂肪は、肝臓で食物から供給される糖質を材料に合成されます。中性脂肪の供給過剰は皮下や内臓に蓄積されて肥満の原因となります。

12 頻尿

(1) 頻尿とは、排尿回数が異常に多い状態をいいますが、一般に正常な排尿

回数は1日に5回〜6回程度とされています。高齢者になると排尿回数が増えて行きますが、普段の生活で1日に10回以上なら頻尿とされています。1日の正常な尿量は1,200cc〜1,500ccで、1回の尿量は250cc〜300ccとされています。膀胱の容量は、最大で約300cc〜450ccとなっています。高齢者の就寝から起床までの排尿回数が2回以上の場合は夜間頻尿が疑われます。

(2) 尿意を感じてから我慢の限界までの時間が短くなった状態を「過活動膀胱」といいますが、その症状の特徴は、この尿意切迫感と頻尿の2症状です。過活動膀胱による頻尿には、①定時排尿訓練と②骨盤底筋訓練が有効だと言われています。

　① 定時排尿訓練とは、一定時間排尿を我慢する訓練で、2時間くらいから始めて3時間くらいまで徐々に延ばして行きます。3時間の間隔だと1日24時間÷3時間＝8回ということになり正常値に近づいて行きます。

　② 骨盤底筋訓練とは、肛門の筋肉を強くキュッと10秒程度締めて、30秒程度緩めます。これを10回程度続けます。この訓練を1日に3回程度行います。

(3) 排尿のトラブルには、①排尿を我慢しようと思っても排尿筋が無意識に収縮して失禁や排尿の起こる「無抑制膀胱型」、②脊髄に何らかの病気があるか事故による障害により排尿反射中枢の指令がうまく伝わらない「反射性膀胱型」、③中高年からの女性に多いくしゃみや笑った時に漏れる「腹圧性尿失禁」があります。

13　便　　秘

(1) 便秘とは、排便が困難となり排便回数が減少した状態をいいます。排便回数は個人差がありますが、通常は1日に1回〜2回です。しかし、2日に1回や3日に1回でも本人がなんともなければ便秘とはいいません。高齢者になるほど、腹筋や大腸の働きが低下しますから便秘が増えて行きます。

(2) 便秘は大別すると、①機能性便秘（例えば、高齢者の大腸の働きの低下による場合）と②器質性便秘（腸の器質的な病気による場合）に分かれますが、通常は、加齢による腸の働きの低下のような機能性便秘が多くなっています。高

齢者に多いことから便秘解消には各人の工夫がありますが、多いのは、①起床後コップ２杯〜３杯の冷水を飲む、②ヨーグルトや乳酸菌飲料を毎日摂る、③毎日30分程度のウォーキングを行う、④毎日３食をきっちり食べる、⑤午前０時までには就寝する、⑥就寝の３時間前までには夕食を終える、⑦毎朝10分程度はトイレに座る、⑧食物繊維の多い食事をする、⑨睡眠は十分にとる、といった工夫があります。これらによっても効果のない場合には、便秘薬（漢方薬）を使用しますが、最初は最少量とし様子を見て増量します。続けて使用しないことが大切です。

14 腰　　痛

(1)　腰痛とは、腰や背中が痛い症状をいいます。腰痛の原因には、腰椎椎間板ヘルニア、腰部脊柱管狭窄、坐骨神経痛のような病名の分かるもののほか、原因不明の腰痛が約８割も占めていると言われています。

(2)　腰痛は、背骨（脊柱）にかかわる障害が原因で起こる症状の一つです。高齢者になると背骨（脊柱）が老化して変形することが多くなり、腰痛の原因となります。背骨（脊柱）の仕組みは、次のように椎骨という合計24個の骨が連なり頭の方から①頸椎、②胸椎、③腰椎があり、その下に仙骨と尾骨があります。

　　①　頸椎（７個の椎骨）
　　②　胸椎（12個の椎骨）
　　③　腰椎（５個の椎骨）

椎骨と椎骨の間には(a)椎間板と(b)椎間関節があります。椎間板は軟骨の一種で椎骨と椎骨とがぶつからないように衝撃を吸収します。椎間関節は、脊柱を支える役目をします。高齢者では、加齢によって椎間板がつぶれる、骨の中がスカスカになる、椎間関節が変形するといった原因で腰痛が発症する場合があります。

(3)　高齢者のしつこい腰痛の改善方法として、例えば、①毎日１万歩を目標にウォーキングをする、②腰痛患者は前かがみになっているので姿勢をストレッチで改善する、③うつ伏せで寝て赤ちゃんのハイハイのポーズを１回３分程度・１日２回行う、といった例が紹介されています。

第6章 高齢者の病気は、どんな特徴をもっていますか

Q34
認知症とは、どんな症状ですか

A34

1 認知症とは

(1) 認知症とは、一旦は正常に発達した知能が、後天的に器質的な病変によって低下した状態であって、日常生活に何らかの支障を来す程度にまで知的能力が低下する病気をいいます。認知症は、加齢とともに増加します。65歳以上の高齢者の約8.5％に発症すると言われています。

(2) 認知症には、①脳の老化により進行していく**アルツハイマー型認知症**（アルツハイマー病を含む）、②脳血管障害によって起こる**脳血管性認知症**その他のタイプがあります。

2 認知症の症状

(1) 認知症の特徴は、①体験したことを記憶する（記銘）、②その記憶を保存する（保持）、③その記憶を必要な時に思い出す（想起）の3つの過程のすべてが阻害されて新しい記憶ができないことにあります。認知症は、高齢者に多い単なる老化による「もの忘れ」とは異なり、病気なのです。

(2) 老化によるもの忘れと認知症よるもの忘れの違いは次の通りです。
　① 老化の場合は記憶の一部を忘れるが、認知症では記憶の全体に及ぶ。例えば、老化の場合は食べた食事内容は忘れるが、認知症では食べたこと自体を忘れる。
　② 老化の場合はもの忘れを自覚しているが、認知症ではその自覚がない。
　③ 老化の場合のもの忘れは軽度で持続しないが、認知症では強度で直前の行為さえ忘れる。
　④ 老化の場合は日時・場所・家族の顔を忘れるという失見当識はないが、認知症では失見当識がある。
　⑤ 老化の場合は日常生活に支障を来さないが、認知症では日常生活に支

Q34　認知症とは、どんな症状ですか

障を来すので介護が必要になる。

(3) 認知症の主な症状とされるのは、次の通りです。

> ① 記憶機能の低下（最後まで残るのは自分の名前）
> ② 計算力や判断力のような思考力の低下
> ③ 意思伝達機能（言語機能）の低下
> ④ 視空間機能（物の配置・奥行・動きの認知機能の低下により迷子や徘徊につながる）の低下
> ⑤ 人格機能（感情・行動パタン・考え方のような人柄）の低下
> ⑥ 失見当識（日時・場所・家族の顔も分からない状態）

(4) 認知症の主な周辺症状とされるのは、次の通りです。家族が早期発見をする場合の目安となります。このような認知症の始まりではないかと思われる言動がみられる場合の相談窓口としては、各市区町村の「地域包括支援センター」があります。

> ① 作り話をよくする（話のつじつまが合わないことが多い）
> ② 今切ったばかりなのに電話の相手の名前を忘れる（もの忘れがひどい）
> ③ 慣れた道でも迷うことがある（迷子になる）
> ④ 同じことを何度も言ったり、何度も聞き返すことが多い
> ⑤ 新しいことが覚えられない（花や人の名前など）
> ⑥ 食事を済ませたのに、していないと言う
> ⑦ 料理や片づけのミスが多くなった
> ⑧ 友人・知人・家族の顔も忘れる
> ⑨ 周りへの気遣いがなくなり頑固になった
> ⑩ 入浴を嫌がり、身だしなみを構わなくなった
> ⑪ おびえたり、怒ったり、沈み込んだりすることが多くなった
> ⑫ しまい忘れが増えて、物を盗られたという妄想に陥る
> ⑬ 趣味や好きなテレビ番組に興味を示さなくなった
> ⑭ 存在しないものが見えたり聞こえたりする
> ⑮ 約束の日時や場所をよく間違える
> ⑯ １人になると怖がったり寂しがったりするようになった

第6章　高齢者の病気は、どんな特徴をもっていますか

3　認知症の検査

(1)　認知症の場合も早期発見と早期治療が大切ですが、検査や診断には家族が立ち会うことが大切です。大きい病院では「もの忘れ外来」のような認知症の専門の科を設けている場合もありますが、精神科、神経科、神経内科、脳神経外科の専門医で受診をします。専門医が分からない場合は市区町村役場の介護保険担当課に聞いてみます。

(2)　専門医で受診する場合には、本人の記憶のない場合が多いので、問診の材料として家族が次の事項について記載したメモを持参します。
　①　どのような症状があり、いつごろ気づいたのか。
　②　急に起こったのか、いつのまにか始まっていたのか。
　③　気づいたのは本人か、家族か。
　④　気づいた時と現在とでは変化があるか。ある場合は、どんな変化か。
　⑤　困っていることは、どんなことか。
　⑥　かかったことのある病名、服用している薬名、肉親の病歴

(3)　認知症の検査に用いられる有名なテストに「長谷川式簡易知能評価スケール」と呼ばれるものがあります。次の9つの質問をして満点は30点で採点し、20点以下の場合は認知症の疑いありとされます。

【長谷川式簡易知能評価スケール】
①　お歳は、いくつですか（2年までの誤差は正解とする）　　（1点）
②　今日は、何年の何月何日ですか。何曜日ですか。(年月日曜に各1点)
③　私たちが今いるところは、どこですか。
　　　　　　　（自発的に出れば2点。5秒おいて家ですか、病院ですか、
　　　　　　　　施設ですかの中から正解すれば1点）
④　これから言う3つの言葉を言ってみてください。あとでまた聞きますので、よく覚えておいてください。
　　(1)　a 桜、b 猫、c 電車
　　(2)　a 梅、b 犬、c 自動車
　　　　（上の(1)または(2)を選んで聞く）　　　　（a b c の各正解に各1点）

⑤ 100 から7を順番に引いてください。
　（100 − 7 は？と聞き、また7を引くと？と質問する。最初で不正解の場合は質問を打ち切る）
　　　　　　　　　　　　　　　　　（93 の正解に1点、86 の正解に1点）
⑥ 私がこれから言う数字を逆から言ってください。
　6 − 8 − 2　　3 − 5 − 2 − 9
　（3 桁で失敗したら打ち切る）　　　　　　　　　　　　　　　（各1点）
⑦ 先ほど覚えてもらって言葉をもう一度言ってみてください。
　　　　　　　　　　　　　　（自発的に回答があれば各2点。以下の
　　　　　　　　　　　　　　ヒントを与えて正解の場合は各1点）
　a 植物、b 動物、c 乗り物
⑧ これから5つの品物を見せます。これを隠しますので何があったか言ってください。
　（例えば、時計、鍵、たばこ、ペン、硬貨のように必ず相互に無関係なもの）
　　　　　　　　　　　　　　　　　　　　　　　　（各品物につき各1点）
⑨ 知っている野菜の名前をできるだけ多く言ってください。
　（5 個までは 0 点、6 個は 1 点、7 個は 2 点、8 個は 3 点、9 個は 4 点、10 個は 5 点）

(4) その他の認知症の検査には、次のような検査があります。
　① 血液検査からビタミン B12 欠乏症や甲状腺機能低下症などの有無を調べます。
　② 脳脊髄液検査で髄膜炎などの認知症の原因となる病気の検査をします。
　③ 脳の画像検査で脳の萎縮の状態や脳梗塞の有無などを調べます。画像検査では、CT（コンピュータ断層撮影）、MRI（磁気共鳴画像）その他の検査が行われます。

第6章　高齢者の病気は、どんな特徴をもっていますか

Q35 生活習慣病とは、どんな病気ですか

A35

1　生活習慣病とは

（1）　生活習慣病とは、食習慣、運動習慣、休養、喫煙、飲酒などの生活習慣が、その発症や進展に関与する疾患群をいいます。生活習慣病は、普段はあまり意識することのない食事の好みや喫煙、飲酒などの個人の嗜好や習慣のかたよりから起きる病気です。そのため、病気に対して無防備で、予防策を講じないままに病気を進行させてしまう場合がよくあります。

（2）　主な**生活習慣病**には、次のようなものがあります。

> ①　食習慣によるものとして、高脂血症、循環器病、高尿酸血症、インスリン非依存型糖尿病、大腸癌、歯周病、肥満症、その他
> ②　運動習慣によるものとして、高脂血症、高血圧症、インスリン非依存型糖尿病、肥満症、その他
> ③　喫煙によるものとして、慢性気管支炎、循環器病、肺気腫、肺扁平上皮癌、咽頭癌、食道癌、歯周病、その他
> ④　飲酒によるものとして、アルコール性肝疾患、膵炎、胃腸障害、その他

（3）　生活習慣病は、動脈硬化の進行と密接に関係している場合も多く、内臓脂肪がたまると血糖・血圧・中性脂肪が高くなり、動脈硬化が進行して心筋梗塞につながる場合があります。このような状態を内臓脂肪症候群（メタボリックシンドローム）と呼んで、平成17年に日本独自の診断基準が発表されました。その基準は次の通りで、次の①に加えて、②③④の中の2項目以上に該当する場合がメタボリックシンドロームとされます。

　　①　ウエスト（臍周囲径）　　男性85cm以上、女性90cm以上

Q35　生活習慣病とは、どんな病気ですか

　②　血圧　　　　　　　　　最大血圧 130mmHg 以上または
　　　　　　　　　　　　　　最小血圧 85mmHg 以上
　③　血糖値　　　　　　　　空腹時血糖値　110mmg/dl 以上
　④　血中脂質検査　　　　　中性脂肪 150mmg/dl 以上または
　　　　　　　　　　　　　　HDL コレステロール 40mmg/dl 未満

（4）　肥満はメタボリックシンドロームの原因となりますが、肥満の診断基準はBMI（Body Mass Index）の数値が用いられます。BMIの数値は次の式により計算し、その数値が25以上の場合を肥満と判定します。

　　BMI＝体重 Kg ÷身長m ÷身長m

　例えば、体重70Kg、身長1.6ｍの場合は、27.34となり肥満と判定されます。

2　生活習慣病の予防

（1）　生活習慣病の発症や進行の仕方には共通した特徴があります。一つの病気が他の病気を引き起こす原因となっていることも多く、例えば、肥満症が糖尿病や高血圧症の原因となったり、高血圧が心臓病や脳卒中の原因となり、更には糖尿病から腎臓障害や心臓病の合併症を起こす場合もあります。

（2）　**生活習慣病**には、次のような**特徴**があります。
　①　初期には自覚症状が少なく、次第に進行して慢性化する。
　②　いったん発病した場合は、治りにくい。
　③　いくつかの病気が重なって起きやすい。
　④　40歳以降から高齢者に多い。

（3）　**生活習慣病の主な原因**は、①不規則な食生活、②飲酒、③喫煙、④運動不足、⑤休養不足にありますから、生活習慣病を予防し改善するには、①食事は1日3回、栄養バランスのよい食事をする、②飲酒は飲み過ぎは止めて週2日は飲まない、③喫煙は止める、④運動不足には週3日は適度の運動を続ける、⑤休養不足にならないように睡眠を十分にとる、といった規則正しい生活習慣を続ける必要があります。

（4）　生活習慣病の初期には自覚症状が少ないので、病気を見逃しがちですが、次のような症状がある場合は早めに診察を受けることが大切です。
　①頭痛が続く、②めまいがする、③視力が低下する、④目がかすんで見える、

第6章 高齢者の病気は、どんな特徴をもっていますか

⑤歯茎がはれる、⑥のどが渇く、⑦咳や痰が続く、⑧手や足がしびれる、⑨食欲不振が続く、⑩肩こりが続く、⑪胸やけや胃もたれが続く、⑫胸が痛い、⑬吐き気がする、⑭疲れやすさが続く、⑮身体のだるさが続く、⑯お腹が痛い、⑰血便が出る、⑱排尿の回数が増えた、⑲足の指が痛い、⑳体重が急激に減ってきた

主な**生活習慣病の予防法**は、次の(5)以下に述べる通りです。

(5) **高血圧を予防する**には、次のような生活習慣を続けます。
  ① 肥満を解消し、体重がBMIの数値が25を超えないように調節する。
  ② 塩分の摂取を1日7グラム程度以下とする。
  ③ アルコールは制限し1日ビール1本、日本酒1合以内とする。たばこは止める。
  ④ 毎日、適度の運動を続ける（例えば、ウォーキングを毎日30分程度）。
  ⑤ 睡眠は十分にとる（毎日7時間程度を目標にする）。
  ⑥ 気分転換をしてストレスを解消する。
  ⑦ 寒暖の差、特に冬季の寒暖の差に注意する。
  ⑧ 入浴は熱い湯を避けて、なるべく半身浴をする。

(6) **動脈硬化を予防する**には、次のような生活習慣を続けます。
  ① 動物性脂肪やLDLコレステロールの多い食品は避ける。
  ② 栄養のバランスのとれた食事をする。
  ③ アルコールは制限し適量をゆっくりと飲む。
  ④ たばこは止める。
  ⑤ 糖質の多い甘いもの（例えば、菓子・果物）は制限する。
  ⑥ 毎日、適度の運動を続ける（例えば、ウォーキングを毎日30分程度）。
  ⑦ 気分転換をしてストレスを解消する。

(7) **肥満症を予防する**には、次のような生活習慣を続けます。
  ① 毎日3食を規則正しく食べる。
  ② 早食いは止めて、ゆっくりと食べる。
  ③ お菓子その他の食べ物の買い置きは止める。
  ④ テレビや新聞を見ながらのながら食いはしない。
  ⑤ 間食や夜食は止める。

⑥　毎日、適度の運動を続ける（例えば、ウォーキングを毎日 30 分程度）。

(8)　**高脂血症を予防する**には、次のような生活習慣を続けます。
①　LDL コレステロールの多い食品（例えば、卵黄、もつ、レバー）は食べない。
②　動物性脂肪のような飽和脂肪酸を減らして、サラダ油・オリーブ油のような不飽和脂肪酸を多く摂る。
③　甘い糖質（例えば、砂糖、果糖、ブドウ糖）を控える。
④　アルコールは制限し、たばこは止める。
⑤　毎日、適度の運動を続ける（例えば、ウォーキングを毎日 30 分程度）。

第6章 高齢者の病気は、どんな特徴をもっていますか

Q36
高齢者の終末期の変化は、どのようなものですか

A36

1 終末期の身体的変化

（1） 高齢者の終末期（ターミナル期）には身体レベルの低下に伴って、いくつかの死に向かう兆候が見られます。バイタル・サイン（vital signs）と呼ばれる次のような生命兆候（生きている兆候）の変化が現れます。この状態を「危篤」といいます。危篤とは、現代医学のどんな方法を用いても、もはや生命を維持することができないと医師により判断されて、間もなく死を迎える状態をいいます。

（2） 体温は、一般的に低下して手足（四肢）の冷感が見られます。掛け物を調節して保温に努めます。

（3） 呼吸数は、減少して不規則になります。臨終時には、苦しそうな鼻翼呼吸や下顎呼吸またはチェーンストーク呼吸（周期性呼吸の一つで、浅くて数の少ない呼吸から始まり深くて数の多い呼吸に移行し、再び浅くなり無呼吸の状態になることを繰り返す）が見られ、呼吸困難の状態となり、遂には自発呼吸が停止します。人工呼吸器の装着その他の延命措置を希望しない場合は、事前に「エンディング・ノート」でその旨の意思表示をして家族に渡しておく必要があります。

（4） 脈拍は、微弱になり数は多くて頻脈となり不規則となります。最後には触診では測定不能となります。

（5） 血圧は、低下して行きます。心臓が身体の隅々まで血液を送ることができなくなるからです。最後には測定不能となります。

（6） 皮膚の色は、蒼白土色となり、口唇や爪にはチアノーゼ（皮膚や粘膜が青紫色に見える状態）が見られる場合があります。血液中の酸素が欠乏するか

らです。皮膚は乾いて、皮膚感覚も低下します。皮膚は冷たくなります。

(7)　**意識**は最期まではっきりしている場合もありますが、多くは不明瞭となり、時には幻覚や幻聴を来したり、昏睡状態に陥る場合もあります。

(8)　**排泄**は自然と量が少なくなり、腎不全になると尿は排泄されなくなります。便がたらたらと出る状態になる場合もあります。尿や便を失禁する場合もあります。

(9)　全身の緊張がなくなるので、目、口、顎もゆるんで、目はくぼんで半分開いたような状態となり閉じられません。死亡後、1時間半ないし2時間程度で筋肉が収縮して硬くなり、関節が動かなくなりますが、これを**死後硬直**といいます。

(10)　「大往生したけりゃ、医療とかかわるな」（中村仁一著）によると、臨終時には、極限状態で、脳内にモルヒネ様の物質が出ると言われていますから、一見苦しそうに見えても、本人は苦痛を感じない状況になっているとしています。

(11)　臨終とは、死の直前から死の瞬間までをいい、死に際、いまわの際、命終、末期ともいいます。医師が死の宣告をする場合にも言われます。**死の判定**は、医師により、①心臓停止、②呼吸停止、③瞳孔拡散の3徴候により確認されます。

2　終末期の心の変化

(1)　高齢者の場合でも死に対する心理的変化やその表現はさまざまであり、E. キューブラ・ロス博士のいう死の受容プロセスとしての5段階をたどるとは限りません。この5段階とは、①**否認**、②**怒り**、③**取り引き**、④**抑うつ**、⑤**受容**をいいます。

(2)　高齢者でも誰でも死に対して不安や恐怖を覚えます。死に至る過程では、誰でも心の揺れ動きがあるのです。終末期の前の元気なうちに、「自分の死を考える」ことが大切です。仏教では、生老病死は、四苦とされていますが、「苦」とは、「思い通りにならないこと」という意味です。紀元前500年頃に釈迦が気づいた永遠の真理です。死に方や死ぬ時期について、私たちの自由には

第６章　高齢者の病気は、どんな特徴をもっていますか

ならないということです。

●●索　引●●

●●あ　行●●

安楽死……………………………………51
遺産の分割 ……………………………103
遺産分割協議 …………………………105
遺産分割協議書 ………………………107
遺　贈…………………… 66, 85, 91, 112
遺贈義務者 ……………………………113
遺族基礎年金 …………………………123
遺族厚生年金 …………………………123
一身専属権 ……………………………87
委任契約 …………………………………3
委任者 ……………………………………3
遺留分……………………………………96
　――の割合 …………………………96
遺留分減殺請求権 ……………………97
遺留分減殺請求書 ……………………97
遺留分権利者 …………………………96
永代使用権 ……………………………133
エンディング・ノート………………41

●●か　行●●

介護保険制度 …………………………135
介護保険のサービス …………………138
介護保険の認定申請書 ………………140
介護保険の保険料 ……………………136
介護療養型医療施設 …………………146
介護老人福祉施設 ……………………145
介護老人保健施設 ……………………145
戒　名 …………………………………128
価額分割 ………………………………105
火葬許可書 ……………………………122
換価分割 ………………………………105
協議分割 ………………………………104
共　有 …………………………………102

寄与者の相続分 ………………………99
居宅サービス計画 ……………………154
居宅療養管理指導 ……………………149
血族相続人 ……………………………88
限定承認 ………………………………108
現物分割 ………………………………105
後見開始の審判の申立 ………………11
後見開始申立書 ………………………11
公証証書 ………………………………27
　――による任意後見契約…………30
　――による遺言書の要件…………70
公正証書遺言 …………………………57
高齢者の終末期 ………………………176
高齢者の病気 …………………………161

●●さ　行●●

祭祀財産 ………………………………87
在船者の遺言 …………………………57
再代襲 …………………………………89
散　骨 …………………………………134
死因贈与契約…………………… 67, 112
死後の事務処理の委任契約 …………7
事前指定書 ……………………………46
実　子 …………………………………89
失踪宣告 ………………………………86
指定相続分 ……………………………94
指定分割 ………………………………104
自筆証書の遺言書の成立要件………63
自筆証書遺言 …………………………57
死亡届 …………………………………122
死亡の危急に迫った者の遺言………57
受遺者 …………………………………112
住宅改修費支給 ………………………153
受任者 ……………………………………3
樹木葬 …………………………………134

索　引

準委任……………………………3
消極財産…………………………87
承諾殺人罪………………………50
嘱託殺人罪………………………50
審判分割…………………………104
推定相続人………………………86
生活習慣病………………………172
成年後見人………………………10
成年被後見人……………………10
積極財産…………………………86
船舶遭難者の遺言………………57
相　続…………………………66, 85
　　──の放棄……………………108
相続欠格…………………………92
相続財産の範囲……………86, 101
相続債務…………………………105
相続登記…………………………87
相続人……………………………85
　　──の範囲…………………86, 88
相続廃除…………………………92
相続分…………………………86, 94
　　──がないことの証明書……107
相続放棄申述書…………………109
贈　与……………………………91
尊厳死……………………………52

●● た 行 ●●

胎　児……………………………85
代襲相続………………………89, 91
代襲相続人……………………86, 91
代償分割…………………………105
代理権目録………………………31
短期入所生活介護………………150
短期入所療養介護………………151
単純承認…………………………108
地域密着型サービス……………154
摘出子……………………………89
調停分割…………………………104
通所介護…………………………149

通所リハビリテーション………150
伝染病隔離者の遺言……………57
同時存在の原則…………………85
特定遺贈…………………………112
特定施設入居者生活介護………152
特定疾病…………………………138
特定受遺者………………………113
特定福祉用具販売………………153
特別失踪…………………………86
特別受益者の相続分……………98
特別方式の遺言…………………81

●● な 行 ●●

任意後見監督人…………………27
任意後見契約……………………27
任意後見契約に関する法律……27
任意後見受任者…………………27
任意後見制度……………………8
任意後見人………………………27
認知症……………………………168
　　──の検査……………………170
認定死亡…………………………86
認定調査票………………………144
納骨堂……………………………134

●● は 行 ●●

配偶者相続人……………………88
被相続人…………………………85
被代襲者…………………………91
非摘出子…………………………89
被保佐人…………………………17
被補助人…………………………22
秘密証書による遺言書の要件…73
秘密証書遺言……………………57
福祉用具貸与……………………153
負担付遺贈………………………114
普通失踪…………………………86
包括遺贈…………………………112
包括受遺者………………………113

索　引

法定後見制度 …………………………… 7
法定相続制度 ………………………… 85
法定相続人 …………………………… 86
　──の相続の順位 ………………… 89
法定相続分 …………………… 86, 94
法定単純承認 ……………………… 111
訪問介護 …………………………… 147
訪問看護 …………………………… 148
訪問入浴介護 ……………………… 147
訪問リハビリテーション ………… 148
保護責任者遺棄罪 ………………… 50
保護責任者遺棄致死傷罪 ………… 50
保佐開始の審判の申立 …………… 18
保佐開始申立書 …………………… 19
保佐人 ……………………………… 17
補助開始の審判の申立 …………… 24
補助開始申立書 …………………… 24
補助人 ……………………………… 22

•●ま 行●•

埋葬許可書 ………………………… 122

見守り契約 ………………………… 7
持　分 ……………………………… 102

•●や 行●•

遺言事項 …………………………… 60
遺言執行者 ………………………… 75
　──の職務権限 ………………… 77
遺言書検認申立書 ………………… 79
遺言書の検認と開封 ……………… 79
遺言の方式 ………………………… 54
養　子 ……………………………… 89

•●ら 行●•

老　化 ……………………………… 157
老化現象 …………………………… 158
老人の記憶 ………………………… 159
老人の知能 ………………………… 158

■著者紹介

矢野　輝雄（やの　てるお）
　1960年NHK（日本放送協会）入局。元NHKマネージング・ディレクター。元NHK文化センター講師。現在、矢野行政書士事務所長

〈主要著作〉
　『ひとりでできる行政監視マニュアル』『絶対に訴えてやる！』『自動車事故対応マニュアル』『介護保険活用ガイド』『生活保護獲得ガイド』『配偶者暴力対策ガイド』『あきれる裁判と裁判員制度』『刑事事件お助けガイド』（以上、緑風出版）、『特許ノウハウ実施契約Q&A』『知的財産権の考え方・活かし方Q&A』（以上、オーム社）

ひとり暮らしの老後に備える

2013年（平成25年）8月30日　第1版第1刷発行
8598-7 P192 ¥2000E : 012-020-002

著　者　　矢　野　輝　雄
発行者　　今井　貴　稲葉文子
発行所　　株式会社　信山社
　　　　　総合監理／編集第2部
〒113-0033　東京都文京区本郷 6-2-9-102
　Tel 03-3818-1019　Fax 03-3818-0344
　henshu@shinzansha.co.jp
笠間才木支店　〒309-1611　茨城県笠間市笠間 515-3
　　Tel 0296-71-9081　Fax 0296-71-9082
笠間来栖支店　〒309-1625　茨城県笠間市来栖 2345-1
　　Tel 0296-71-0215　Fax 0296-72-5410
出版契約 No.2013-8598-7-01011 Printed in Japan

Ⓒ矢野輝雄, 2013　印刷・製本／ワイズ書籍・渋谷文泉閣
ISBN978-4-7972-8598-7 C3332　分類01-328.650-d008
8598-7-01011 : 02-020-002　《禁無断複写》

JCOPY《(社)出版者著作権管理機構　委託出版物》
本書の無断複写は著作権法上での例外を除き禁じられています。複写される場合は、そのつど事前に、(社)出版者著作権管理機構（電話03-3513-6969, FAX03-3513-6979, e-mail: info@jcopy.or.jp）の許諾を得てください。

水谷英夫
感情労働とは何か
〈信山社新書〉

《人 VS 人》
社会を生き抜くための感情管理労働

本体価格：９８０円（税別）

戒能民江 編著
危機をのりこえる女たち
――DV法１０年、支援の新地平へ

本体価格：3,200 円（税別）

―――――信山社―――――